Texte • Medien

KATHRIN SCHROCKE

Finding Alex

Schroedel

Texte.Medien

„Finding Alex" von Kathrin Schrocke

Mit freundlicher Genehmigung des Verlags Friedrich Oetinger GmbH, Hamburg

Herausgegeben von Ingrid Hintz

Materialteil erarbeitet von Miriam Rautenberg

Das Texte.Medien-Programm zu „Finding Alex":
978-3-507-47076-7 Textausgabe mit Materialien
978-3-507-47376-8 Lesetagebuch
978-3-507-47276-1 Informationen für Lehrerinnen und Lehrer
Informationen und Materialien im Internet: **www.schroedel.de/textemedien**

ISBN 978-3-507-47076-7

Druck A [1] / Jahr 2009

Alle Drucke der Serie A sind im Unterricht parallel verwendbar.

Redaktion: Barbara Holzwarth, München
Herstellung: Andreas Losse
Umschlaggestaltung und Layout: JanssenKahlert Design, Hannover
Umschlagfoto: U1 plainpicture/Werin, K.
Satz: Bock Mediengestaltung, Hannover
Druck: pva, Landau

INHALT

KATHRIN SCHROCKE
Finding Alex

Materialien

Bevor du dieses Buch liest ...

Dieses Buch erzählt die Geschichte von Tobias, der sich mit Ira anfreundet. Sie ist aus Berlin hergezogen und neu in seiner Klasse. Ira kann man einfach nicht übersehen: Immer up to date trägt sie wechselnde Perücken und eine provozierende Gleichgültigkeit zur Schau. Als Tobias allerdings zum ersten Mal bei Ira zu Hause ist, lernt er Alex, Iras Bruder, kennen – im schwarzen japanischen Kimono mit langen dunklen Haaren und einem Duft nach Vanille. Zuerst hält er ihn für ein Mädchen. Tobias ist wie hypnotisiert ...

Es gibt viele Jugendliche, die gern Bücher lesen. Das ist erfreulich, denn wer liest, nimmt teil an den Lebensgeschichten, Erlebnissen, Problemen, Gedanken und Gefühlen der Buchfiguren. Deshalb sagt man: Wer liest, lebt doppelt.

Die Bücher der Reihe **Texte.Medien** wollen zum Lesen motivieren – im Unterricht in der Schule, aber auch zu Hause in der Freizeit. Sie wollen die Freude am Lesen steigern und „Lust auf mehr Bücher" machen.

Zu jedem Buch gibt es ein **Lesetagebuch**, das dabei helfen soll, sich selbstständig – individuell und gemeinsam mit anderen, die ebenfalls dieses Buch lesen – mit dem Inhalt und den Personen auseinanderzusetzen.

Viel Freude beim Lesen des Buches!

Für Uli und Antje,
die sich so sehr auf dieses Buch
gefreut haben.

Kathrin Schrocke

Finding Alex

Fear

Als Kind hatte ich immer diese Panik, meine Eltern würden sich scheiden lassen. Komisch, diese Angst. Weil, als es dann so weit war: total egal. Eigentlich, wenn ich es mir recht überlege, habe ich das sogar genossen. Plötzlich der einzige Mann im Haus zu sein. Und diese Art, wie mein Vater mich auf einmal behandelte, wenn ich ihn und Blondie, seine Neue, besuchte. So, als wäre ich ein guter Freund aus alten Zeiten. Dabei hatte sich rein gar nichts geändert. Ich war nach wie vor der Gleiche. Und wenn er zu Hause gewohnt hätte, dann hätte ihn alles immer noch tierisch genervt: die laute Musik aus meinem Zimmer, die ausgelatschten Turnschuhe und die Jungs, mit denen ich abhing. Aber so: „Willst du noch eine Tasse Kaffee, Tobias? Ein Stück Sahnetorte?“ Na ja, diese Tour eben. Gepflegte Gespräche, ein herzlicher Tonfall. Als hätten wir uns nicht gegenseitig im Hausflur angeschrien und als hätte ich seine Neue nicht eine blöde Schlampe genannt.

Daran habe ich später oft gedacht. Dass ich mir diese Angst eigentlich hätte sparen können. Weil, da gab es ja noch genug andere Ängste, die mich quälten. Zum Beispiel diese Scheißangst, durch die Rollerprüfung zu fallen und mich zum Idioten zu machen. Diese Panik, das Schuljahr zu vermasseln, keinen Praktikumsplatz zu finden, was weiß ich. Und dann natürlich diese Angst, beim Sex schlappzumachen, nervös zu werden, wenn es endlich passiert.

Aber dann kam alles ganz anders. Und im Grunde wäre es wahrscheinlich einfacher gewesen, sich auf diese oder eine andere Art zu blamieren.

Nur kapierst du das vorher nicht. Weil du so damit beschäftigt bist, an der Tafel die richtige Antwort zu geben und dem Lehrer dabei nicht in die Augen zu sehen.

September

Ira bemerkte ich sofort, auch wenn das klingt wie so ein Liebe-auf-den-ersten-Blick-Schmalz. Aber genau so lief's. Noch ehe ich richtig im Klassenzimmer angekommen war, sah ich sie. Wie sie sich ganz hinten hingesetzt hatte, mit so einem ernsten Gesicht, als ginge es darum, die neue Ballade für Dido zu schreiben. Dabei guckte sie nicht einmal absichtlich traurig. Aber dieses kantige Gesicht, diese hohen Wangen. Und klar, die dunklen Augen mit dem dicken schwarzen Lidstrich. Ich weiß auch nicht, das alles zusammen wirkte jedenfalls so ein bisschen melodramatisch. Dann der Name: Ira, ziemlich abgefahren. So stellte sie sich auch vor, in der ersten Stunde, als die Leiss sie darum bat. „Mein Name ist Ira Lassen, Ira, wie der Zorn."

Dido *britische Popsängerin und Songschreiberin (geb. 1971)*

Ira *ira (lateinisch) = der Zorn*

Ein paar von den Streberinnen in der ersten Reihe kicherten. Logisch, hätte ich auch getan, wenn ich so einen Kacknamen wie Elke oder Sabine gehabt hätte. Kann man sich ja nicht wirklich intelligent vorstellen. „Elke, wie meine Urgroßmutter." Das kommt so schlecht, da kannst du dir gleich eine Tüte über den Kopf ziehen.

Aber außer den Mädchen hat niemand reagiert. Vielleicht, weil das so ungewöhnlich war, diese Art, sich vorzustellen. Und natürlich, weil sie das gleich doppelt interessant machte. Dieses traurige Gesicht und dieser schräge Name. Als wäre sie ein ganz ausgefallenes Gesamtkunstwerk.

Dann stellte sich auch noch heraus, dass sie aus Berlin war, und das setzte dem Ganzen die Krone auf. Ich meine, von der Großstadt in unser kleines Kaff. Das war schon wieder so abnormal, dass es cool war.

Unter all den Dingen, die Ira besonders machten, waren es wahrscheinlich ihre Haare, die uns am meisten faszinierten. Diese fransigen schwarzen Haare mit den silbergrauen Strähnen, die ihr bis weit über die Schultern gingen. Wow, dachten wir. Und erst nach drei Wochen haben wir kapiert, dass sie diesen Spleen mit den Perücken hatte. Dass nichts, aber rein gar nichts daran wirklich echt war. Was das Ganze ja noch interessanter machte. Denn keiner wusste, wie sie unter ihren wechselnden Frisuren tatsächlich aussah. Und die Vorstellung, Ira nackt zu sehen, nahm völlig neue Dimensionen an.

Spleen *Tick, überspannte Eigenart*

„Gib mir den Gnadenstoß!", flüsterte Sven neben mir, nachdem sie sich vorgestellt hatte, und ließ seinen Kopf auf den Tisch fallen.

Das mit dem Gnadenstoß war ein Insider. So ein blöder Spruch für Mädchen, die man unbedingt haben will, aber nie haben wird. Weil sie dich nichtmal mit dem Hintern anschauen, weil sie wahnsinnig aussehen oder weil sie aus Berlin in das Kaff gezogen sind und Sätze mit mehr als fünf Worten absolut nicht ausstehen können.

Der trottelige Marc hatte einmal so einen Kommentar abgelassen. Von wegen „Wenn ich bei der nicht lande, gebt mir den Gnadenstoß!".

Als ob ein Mädchen diesen Idioten ranlassen würde, als ob eine überhaupt interessiert an ihm wäre. Außer natürlich in Krisenzeiten. Oder weil man einen so bescheuerten Namen hat, dass einem gar nichts anderes übrig bleibt, als sich von Marc dem Sponk betatschen zu lassen.

Sponk *abwertende Bezeichnung, Schimpfwort (Jugendsprache)*

Na ja, darin waren wir uns auf jeden Fall alle einig. Dass Ira Top of the Pops war. Und dass man den Rest vergessen konnte. Vorerst zumindest. Bis es wieder eine gute Alternative war, Elke anzugraben, weil sich Ira endlich für einen von uns entschieden hatte. Aber im Ernst. Keiner hätte gedacht, dass ausgerechnet ich das sein würde.

Meine Mutter und ich hatten uns an unser neues Leben gewöhnt. Sie arbeitete tagsüber in einem Wellnesshotel im Nachbarort und leitete dort das Kosmetikstudio. Früher hatte sie bei uns um die Ecke ein kleines eigenes Studio betrieben. Aber die Weiber im Ort waren zu geizig für Gesichtsmassagen und Typberatung. Oder sie hatten einfach keinen Bock darauf, von der Frau des Versicherungsmaklers behandelt zu werden.

Ich meine, gib dir das: Vormittags laberst du mit ihm über deine Kfz-Zulassung und nachmittags drückt sie dir deine Pickel aus. Da denkst du irgendwann, Scheiße, diese Familie kennt wirklich alles von mir.

Also nahm meine Mutter das Angebot im „Sonnenhof" an. Anonyme Atmosphäre, fremde Kundinnen mit fetten Portemonnaies. Das Geschäft lief gut.

Zwischen mir und meiner Mutter hatte die Stimmung immer schon gepasst. Daran hatte sich auch nichts geändert seit der Trennung, obwohl die Geschichte uns auch nicht wirklich enger zusammengeschweißt hatte.

Abends kam sie gegen sechs Uhr heim und wir kümmerten uns gemeinsam um das Abendessen. Das hatte sich so eingespielt, seit Vater weg war. Danach traf ich mich manchmal mit den Jungs im „Uncle Sam's" oder hing vor der Glotze ab. Überhaupt schaute ich gern Filme zu der Zeit, und das stundenlang. Manchmal alleine in meinem Zimmer, manchmal zusammen mit meiner Mutter im Wohnzimmer. Wir standen beide auf Science-Fiction und Thriller, die ich aus dem Netz zog, bevor sie überhaupt in die Kinos kamen. Seit der Trennung hatte meine Mutter außerdem eine Vorliebe für tragische Dokumentarfilme entwickelt. Vor allem, wenn es um Krankheiten ging. Berichte von Krebsstationen. Reportagen über Sterbehäuser.

Auf Sendungen mit Gerichtsmedizinern fuhr sie regelrecht ab.

Mit Büchern konnten wir wenig anfangen, sie landeten unangetastet im Regal. Meine Mutter hatte sich vier Ratgeber für verlassene Frauen angeschafft, aber keinen davon komplett durchgelesen. Die Dinger lagen im Flur auf dem Tischchen mit dem Telefon. Sie wirkten zerfleddert und zerlesen. Aber das war eine falsche Fährte. In Wirklichkeit benutzten wir die Bücher nur, um uns Notizen zu machen. „Ihre Telefonnummer? Ja, Moment. Ich hol gerade noch was zum Schreiben."

Gespräche führten wir zwei selten. Wir waren froh, dass die endlosen Diskussionen mit meinem Vater ein Ende genommen hatten. Kein Streit, keine Vorwürfe, kein Geschrei mehr, das die Nachbarn aus ihren Wohnungen holte. Die Ruhe war die reinste Erholung, und im Hintergrund nur der Lärm aus der Kiste.

Wenn meine Mutter allerdings mehr als drei Gläser Wein getrunken hatte, versuchte sie, mich über Blondie auszuquetschen. Wie alt ist die? Wie sieht die aus? Arbeitet die überhaupt was? Mich nervten diese Verhöre und ich stellte jedes Mal auf Durchzug. Dann konzentrierte ich mich auf den Film und hoffte, Mom würde nie mitbekommen, dass Blondie höchstens Ende zwanzig war, ständig halb nackt durch die ganze Wohnung wackelte und Vater an den restlichen Tagen ausnahm wie eine überfütterte Weihnachtsgans.

November

Ich glaube, meine Mutter war ein bisschen eifersüchtig, als ich ihr Ira schließlich vorstellte. Ira hatte sich in der Woche davor völlig unerwartet mit mir verabredet.

Seit Ira neu in unsere Klasse gekommen war, hatte sich für mich nie eine Gelegenheit ergeben, sie näher kennenzulernen. Sie hatte sich keiner der Mädchencliquen angeschlossen und die Jungs ließ sie sowieso links liegen. Diese Art, auf Freundschaften zu pfeifen, hatte etwas Provokantes, ja fast Skandalöses an sich. Während wir anderen nichts Besseres zu tun hatten, als keine Einzelgänger zu werden, strahlte sie demonstrativ aus: Leckt mich doch alle am Arsch.

Niemand bekam mit, wie Ira Lassens Privatleben aussah. Sie ging in die Schule, ließ den Unterricht möglichst wortkarg über sich ergehen und zog danach wieder ab. Sie mied die Feten, die hin und wieder veranstaltet wurden, und tauchte nur ein einziges Mal im Uncle Sam's auf, um auch sofort wieder zu verschwinden. Nie sah man sie im Hallenbad oder im Kino. Nie joggte sie an der Uferpromenade, lungerte am Bahnhof herum oder wartete angenervt an der Bushaltestelle. Nach der Schule schien sie wie vom Erdboden verschluckt.

Es regte die Leute auf, dass Ira so demonstrativ keinen Kontakt suchte, aber es verwunderte einen nicht wirklich. Wir an ihrer Stelle hätten es sicherlich ähnlich gemacht. So blieb sie das Mysterium mit den langen künstlichen Haaren und dem traurigen Blick. Und niemand fand heraus, wie es unter ihrer Perücke aussah, wo und wie Ira lebte und mit welchen Leuten sie sich in ihrer Freizeit traf.

Mysterium *Geheimnis*

Umso seltsamer war, dass sie mich eines Tages nach dem Unterricht abpasste und auf eine Pizza einlud. Sie tat das schroff, beinahe unhöflich.

„Also willst du nun?“, fragte sie ungeduldig, als ich nicht sofort mit dem Kopf nickte. Und als ich endlich fähig war, ein Ja herauszupressen, sprintete sie davon, und ich hatte Probleme, mit ihr Schritt zu halten.

„Erzähl mal was von dir, aber langweile mich nicht“, sagte sie, als wir eine halbe Stunde später in der dunklen Ecke des einzigen Italieners am Ort saßen. Ich schwieg und stocherte in meiner Calzone herum. Genau so etwas hatte ich befürchtet. Ich hasste diese Art von Gespräch. Viel lieber hätte ich gemeinsam mit ihr einen Film angeschaut, Chips gegessen und durch die Kanäle gezappt. Stattdessen saß ich ihr wie bei einem Verhör gegenüber und mein Essen wurde kalt.

Calzone *gefüllte Pizza*

„Meine Eltern haben sich getrennt“, sagte ich, um irgendwas zu sagen.

Ira zog ihre Augenbrauen hoch. „Cool“, antwortete sie. „Weißt du, ich kann Romantik nicht ausstehen. Ich finde, Ehen sollten automatisch nach fünf Jahren aufgelöst werden.“

Dann schwiegen wir, und ich starrte auf meinen Teller.

„Und deine Eltern?“, fragte ich schließlich, um die Unterhaltung am Laufen zu halten. Ich dachte an die Haare unter ihrer Perücke und hatte eigentlich keine Lust, über ihre Alten zu sprechen.

Ira tupfte sich die Lippen mit der Papierserviette ab, und ihr dunkler Lippenstift hinterließ einen schmierigen Rand.

„Mein Vater ist ein Versager“, antwortete sie voller Verachtung und senkte die Stimme. „Aber meine Mutter ist seelisch von ihm abhängig. Oder sexuell? Keine Ahnung.“

Sie kaute auf einer Olive herum und nahm den Kern mit den Fingerspitzen aus dem Mund.

Ich biss mir auf die Lippe und versuchte, an etwas Harmloseres zu denken als Ira Lassens sexuell abhängige Mutter.

„Warum seid ihr hierher gezogen?“, fragte ich. „In die Provinz.“

Ira zuckte mit den Schultern. „Meine Eltern glauben an die gesunde Landluft“, flüsterte sie, als wäre das ein Geheimnis, das nur ihre Familie entdeckt hatte. „Ein gutes Umfeld. Sie denken, die Großstadt macht einen krank.“

Ich blickte Ira unsicher an.

„Mein Vater ist Arzt“, sagte sie und verdrehte die Augen. „Meine Mutter war Krankenschwester. Das ist so spießig. Welche Frau lässt sich heutzutage noch von ihrem Vorgesetzten flachlegen?“

Ich dachte an Blondie.

„Weißt du“, sagte Ira und sah mich bohrend an. „Ich werde einen Dreck tun, mich von einem Typen abhängig zu machen. Wenn ich werde wie meine Mutter, verpasse ich mir ein nettes Armband.“

Ein Armband?

Sie nahm das Messer, mit dem sie eben eine Artischocke seziert hatte, und hielt es sich über das Handgelenk. Die Frau am Nachbartisch flüsterte aufgebracht mit ihrem Mann, und Ira legte lächelnd das Messer zur Seite. Ich starrte auf den imaginären Schnitt und schluckte trocken.

sezieren
hier: sauber zerschneiden

imaginär
nicht wirklich, nur eingebildet

„Möchten Sie noch eine Nachspeise?“, fragte der italienische Kellner in dem Moment und trug das Gedeck ab.

„Das hörst du?“, fragte Ira, als ich sie eine Woche darauf nach der Schule mit zu uns nach Hause nahm. Erst war sie einmal durch die ganze Wohnung gelaufen und hatte sich die Räume angeschaut. Küche, Wohnzimmer, Schlafzimmer, Bad. 75 Quadratmeter. Jetzt stand sie in meinem Zimmer vor dem CD-Regal und schüttelte ein paarmal abfällig den Kopf. „Die ist gut!", sagte sie schließlich erleichtert und legte P!nk auf.

P!nk *US-amerikanische Rock-Pop-Sängerin (geb. 1979)*

Dann inspizierte sie die anderen Sachen. Sie blieb vor jedem einzelnen Möbelstück stehen, wie in einer Ausstellung. „Hm", sagte sie dann und ging weiter. Ab und zu nahm sie etwas in die Hand und hielt es gegen das Licht, als müsste sie es genauer betrachten. Den komischen Pokal, den ich damals im Zeltlager gewonnen hatte und überhaupt nicht mehr wusste, für was. Die Jahreszahl war eingraviert, und ich schämte mich, dass ich diesen Kinderkram überhaupt aufgehoben hatte.

Sie schaute das eingestaubte Schachspiel an und musterte die Plakate an der Wand. „New York?", fragte sie skeptisch und schüttelte wieder mit dem Kopf.

Dann blätterte sie lustlos in den Computerheften herum. Die Ansammlung von Playmobilfiguren, die ich aus irgendwelchen sentimentalen Gründen nicht weggeräumt hatte, übersah sie netterweise. Dafür nahm sie ein billiges Rasierwasser aus dem Regal, das in Zellophanpapier eingepackt war.

„Von wem hast du das denn?", fragte sie und knotete die blaue Schleife auf.

„Zur Firmung bekommen", antwortete ich. „Aber das ist zwei Jahre her."

Sie sprühte den Duft in die Luft und verzog das Gesicht.

Die ganze Zeit über saß ich reglos auf dem Bett und beobachtete sie. Meine Hände waren feucht und ich war hin- und hergerissen zwischen der Panik, meine Mutter könne ausgerechnet heute mit einem Migräneanfall früher nach

Hause kommen, und der Furcht, Ira würde mit einem spöttischen Lachen mein Zimmer verlassen. Bislang hatte ich mir nie sonderlich Gedanken darüber gemacht, wie ich lebte. Ich hatte ein Zimmer und ein paar eigene Sachen. Alles andere war mir egal. Jetzt, in diesem Augenblick aber, wünschte ich mir eine andere Einrichtung, andere Sachen. I wanna be somebody else.

I wanna be somebody else. *Textzeile eines Songs von P!nk (siehe Lesetagebuch, S. 8)*

Mein Bett war aus dem gleichen farblosen Holz wie das Regal und der Schreibtisch. Meine Eltern hatten mir die Kombination gekauft, als ich auf das Gymnasium gekommen war, und eigentlich hatte mir das damals auch ziemlich gefallen. Aber mit Ira im Raum wirkte es plötzlich völlig veraltet. Kindisch. Genauso wie die Städteaufnahmen von New York bis Paris in den roten Plastikrahmen, die es in irgendeinem Discountmarkt zum Sonderpreis gegeben hatte.

Schließlich war Ira fertig mit ihrer Besichtigungstour und setzte sich neben mich auf das Bett.

„Wo ist deine Mutter?“, wollte sie wissen, und ich dachte an die Kondome in meinem Nachtkästchen.

„Meine Mutter ist arbeiten. Sie kommt erst am Abend nach Hause. So in drei Stunden.“

Ira zog die Augenbrauen hoch. „Verstehe“, sagte sie und holte ihren Tabak aus der Hosentasche. Sie drehte sich schweigend eine Zigarette und zauberte ein ausgefallenes Feuerzeug hervor.

„Darf ich?“, fragte sie, und ich nickte mit gespielter Überraschung, so, als sei es bei uns das Selbstverständlichste der Welt, die Räume zuzuqualmen.

„Mein Vater bringt mir immer diese ekelhaften Bilder mit“, sagte Ira und machte einen Lungenzug. „Lungenkarzinom. Raucherbein. Das sind echt krasse Geschichten.“ Sie ließ sich nach hinten auf mein Bett fallen und paffte

Lungenkarzinom *Lungenkrebs*

mit geschlossenen Augen weiter. „Aber ehrlich. Vor einem Arzt, der es mit einer Krankenschwester treibt, habe ich einfach keinen Respekt.“

Sie öffnete wieder die Augen und lächelte mich an. Ich hatte irrsinnig Lust, ihr die Perücke vom Kopf zu streifen und zu schauen, was darunter war. Ich hatte irrsinnig Lust, ihre Lippen zu küssen, mich auf sie draufzulegen, irgendwas. Aber plötzlich bekam ich Panik und griff stattdessen nach ihrem Tabak, um mir selbst eine Zigarette zu drehen.

„Darf ich dein Feuer?“, fragte ich und sie zündete mir die Kippe an. Ich legte mich neben sie und nahm einen Zug. Es hatte was Lässiges, wie wir zwei in diesem Jugendbett lagen. Mit Klamotten und allem. Und rauchten, als würden wir das ständig so machen. Auf MTV hätte das ein gutes Video abgegeben.

Ich drehte meinen Kopf zur Seite und starrte Ira an. Jetzt traust du dich, dachte ich. Jetzt, jetzt.

Ich hörte, wie ein Schlüssel ins Schloss geschoben wurde. Die Tür im Flur sprang auf und meine Mutter kam nach Hause.

Sven sagt, es kann keine Freundschaft zwischen Eltern und ihren Kindern geben. Ich meine, er drückt es natürlich extrem drastisch aus.

„Weil sie sich um den Verstand gefickt haben, gibt es dich. Nur deswegen. Für die bist du nicht mehr als der goldene Schuss. Und du musst ihnen ewig dankbar sein, dass sie dich nicht die Toilette hinuntergespült haben.“

Vielleicht hat er recht. Aber das Problem ist: Ich kann mir meine Eltern beim besten Willen nicht vorstellen, wie sie aneinander rummachen. Vielleicht war ich eine künstliche Befruchtung? In vitro? Hoffentlich.

goldener Schuss *hier: Geschlechtsverkehr, durch den die Frau schwanger wird*

in vitro *Befruchtung außerhalb des weiblichen Körpers (lateinisch = im Glas)*

Zwischen mir und Mom gibt es auf jeden Fall etwas, das uns verbindet. Respekt oder so. Dass sie es beispielsweise vermeidet, mich für den Rest aller Tage zu blamieren, auch wenn sie innerlich Amok läuft.

„Eine Zigarette könnte ich jetzt auch vertragen. Mein Kopf explodiert bald!“, sagte sie und setzte sich mit müdem Gesicht auf meinen Schreibtischstuhl.

„Und du bist eine Freundin von Tobias?“, fragte sie, während sie auf Iras Perücke starrte. Ihr Blick hatte etwas unglaublich Mitleidiges, beinahe Trauriges. Ich bekam ein schlechtes Gewissen und drückte rasch meine Zigarette aus.

Ira hatte sich aufgerichtet und nickte. „Ich bin neu in seiner Klasse. Wir sind gerade erst hergezogen.“

Sie stand auf und reichte meiner Mutter das Päckchen mit dem Tabak. Mom schüttelte den Kopf. „Danke. War bloß dahingeredet. Ich rauche nicht.“

Ein unangenehmes Schweigen breitete sich in meinem Zimmer aus, und ich erhob mich langsam vom Bett.

„Sollen wir dich alleine lassen? Ich wollte Ira nur eben mein Zimmer zeigen.“ Plötzlich bekam ich Angst, der Schock hätte nur zu einer Verzögerung des Wutausbruchs bei ihr geführt. Aber nichts geschah. Meine Mutter machte eine abwehrende Handbewegung. „Bleibt ihr beiden ruhig hier. Ich verschwinde ins Schlafzimmer.“ Sie erhob sich, hängte ihren Mantel im Flur auf und zog geräuschvoll die Schlafzimmertür hinter sich zu.

Im Zimmer roch es plötzlich nach der teuren Gesichtscreme aus dem Kosmetikstudio, die sie manchmal benutzte. Ein schwerer, süßlicher Geruch nach Magnolien und Mandel, der mich immer an meine Kindheit erinnerte. Big Mommy is watching you.

„Deine Mutter ist nett. Viel netter als meine“, sagte Ira nüchtern.

Ich wusste nicht, ob das gut oder schlecht war. Sie nahm noch einen tiefen Zug, ging zur anderen Seite des Zimmers und drückte die Kippe in dem Pokal im Bücherbord aus.

„Vielleicht hau ich jetzt besser ab", sagte sie und schlüpfte in ihren Anorak. Sie schüttelte ihr Haar, als wäre es echt, und lächelte mich an. „Wir sehen uns dann morgen. In der Schule."

An der Haustür drehte sie sich noch einmal um. „Das wollte ich dir geben!" Sie drückte mir das Feuerzeug in die Hand. „Ich finde, es passt zu dir."

Es zeigte einen Adler mit gespreizten Flügeln, und ich musste an einen alten Popsong denken, irgendwas mit Flying Eagles. Meine Mutter hatte es immer „unser Lied" genannt. „Da spielen sie wieder unser Lied." So ein Kack. Die Platte hatte mein Vater früher rauf und runter gehört, bis sie so verkratzt gewesen war, dass wir sie wegwerfen mussten. Elton John? Sting? Keine Ahnung. Ich dachte an P!nk. Die CD lief immer noch. Ira war im dunklen Treppenhaus verschwunden.

„Ich war nur so nett, weil ich dachte, sie hat Krebs", herrschte mich meine Mutter am Abend an, als wir gemeinsam am Tisch saßen. „Rauchen. In der Wohnung. Geht gefälligst auf den Balkon. Das Zeug legt sich überallhin, auf die Vorhänge, die Klamotten. Das kann mich Kundinnen kosten."

Die Kundinnen waren sowieso das Wichtigste. Ständig dachten sie dies oder das über unsere Familie. Als hätten die nichts Besseres zu tun! Der reinste Verfolgungswahn.

Mom war ziemlich aufgebracht und hatte hektische rote Flecken im Gesicht. „Ein gesundes Mädchen mit Perücke! Die braucht mal dringend eine Therapie. Wenn du mich fragst, gehört die ganz schnell auf die Couch!"

auf die Couch gehören *in psychiatrische Behandlung gehören (umgangssprachlich)*

Ich merkte, wie ich mich innerlich verkrampfte, und hastig wich ich dem Blick meiner Mutter aus. Seit Ira in mein Leben gestolpert war, hatte jeder Satz eine neue Bedeutungsebene gewonnen. Ständig dachte ich an Sex, extremely triebgesteuert. Ich kam mir schon vor wie Sven. Für einen Moment fühlte ich mich mies und betastete den Adler in meiner Hemdtasche. „Up where we belong", so hieß der Song. Aber an den Interpreten konnte ich mich komischerweise immer noch nicht erinnern.

„Und überhaupt hättest du mir ruhig sagen können, dass du eine Freundin hast. So weit ist es schon gekommen. Null Vertrauen. Aber gleich null." Meine Mutter riss sich ein Stück Weißbrot ab und zerrupfte es aufgebracht zwischen den Fingern.

„Sie ist nicht meine Freundin!", sagte ich und wurde rot. „Sie ist neu in der Stadt und sucht Kontakt."

„Kontakt mit deiner Matratze. Entschuldige, ich habe euch eben in deinem Bett erwischt!"

Das Gespräch fing an zu nerven. Ich wusste gar nicht, dass sie so ausflippen konnte. Eine Erfahrung, auf die ich gerne verzichtet hätte.

„Mama, bitte. Hätten wir uns auf den Schreibtisch setzen sollen? Wir haben nur geraucht!"

„Nur geraucht!" Ihr Lachen hatte etwas Hysterisches. „So fängt das doch immer an. So und nicht anders."

Später rief Sven mich an. „Jemand hat Ira heute Nachmittag aus eurem Wohnblock kommen sehen. Alter, Respekt."

Respekt, Respekt. Ich dachte an meine Mutter, die alle Fenster weit aufgerissen hatte und jetzt schweigend eine uralte Wiederholung von Tatort anschaute. Die zwei

Kommissare sangen ein dämliches Lied, und meine Mutter schenkte sich das dritte Glas Rotwein ein. Sie hatte sich in eine dicke Karodecke gewickelt, weil es arschkalt in der Wohnung war. Wahrscheinlich ging es ihr gar nicht so sehr um den Rauch, der längst nicht mehr zu riechen war. Sie tat so, als würde ich gleich morgen meine Koffer packen und mit Ira auf und davon gehen.

„Ist es dein Vater?", rief sie vom Sofa und stellte den Ton leiser.

„Hast du sie gefickt?", fragte Sven und ich hörte im Hintergrund die anderen Jungs grölen. Offenbar rief er mich vom Uncle Sam's aus an, wo zur Abwechslung einmal ich Thema Nummer eins war.

„Sie war in meinem Bett. Aber dann kam meine Mutter ...", flüsterte ich in den Hörer und blätterte in einem der Selbsthilfebücher, die auf dem Telefontisch lagen. „Eine Chance für die Liebe!" stand in hellrosa Buchstaben auf dem Cover. Meine Mutter hatte Liebe mit schwarzem Kuli mehrfach durchgestrichen und etwas daneben geschrieben, das ich nicht entziffern konnte.

„Er hatte sie in der Kiste!", schrie Sven in die Runde, und lautes Johlen war die Antwort.

„Intimität braucht Zeit", las ich die Überschrift auf Seite 82. „Wir brauchen einfach noch Zeit", presste ich in den Hörer und Sven schnappte nach Luft.

„Alter, das ist so geil!" Er reichte das Handy an einen anderen gehirnamputierten Typen weiter.

„Gib ihr meine Adresse!", schrie der in die Muschel. „Gib der Braut bloß meine Adresse!"

Dezember

„Sag mal, geht ihr jetzt miteinander?“, fragte mich Sven auf dem Weihnachtsfest in der Schule. Es war Mitte Dezember und zwei Wochen her, seit ich Mutter und Ira bekannt gemacht hatte. Seitdem war wenig passiert. Einmal hatte mich Ira bis nach Hause begleitet und wir hatten auf dem Balkon zusammen geraucht. Ein anderes Mal hatten wir uns zufällig in der Stadt getroffen und auf dem Weihnachtsmarkt einen Glühwein getrunken. Ich wusste mittlerweile einiges über sie. Dass sie auf Horrorfilme stand und rauchte, seit sie zwölf war. Sie hatte mir von Jojo erzählt, einer Freundin aus Schweden, die bei einem Autounfall ums Leben gekommen war. Ansonsten ... Sven rempelte mich an und wiederholte seine Frage. „Was ist nun, geht ihr jetzt miteinander?“

Ich zuckte mit den Schultern und starrte auf die Köpfe der Chormitglieder. Die Weihnachtsfeste waren immer der gleiche Müll. Lieder und Gedichte, die alten Lehrerfressen, die mir schon vormittags zu viel waren. Das Ganze in den Abend verlegt war die Hölle.

„Aber du hast sie doch ...“ Sven machte eine obszöne Geste und zwei Fünftklässlerinnen, die hinter uns saßen, kicherten los. Ich stieß ihn unsanft in die Rippen.

„He, Mann. Es gibt da noch ein paar Stadien davor, vergessen?“ Der Chor war zu Ende und die Eltern klatschten begeistert in die Hände. Eine dicke Frau war aufgesprungen und schoss unentwegt Fotos von ihrer pummeligen Tochter. Das Blitzlicht tauchte die Aula in ein grelles Licht. Mir taten die Augen weh.

Die Rektorin ergriff das Wort und hielt dieselbe Rede, die sie bereits das letzte Jahr gehalten hatte. „Und natürlich wünschen wir uns Frieden auf der ganzen Erde!“, sagte sie zum Schluss und warf einen ernsten Blick ins Auditorium. Noch drei Augenaufschläge und wir würden alle zu Staub zerfallen.

Auditorium
Zuhörerschaft

„Die spricht nicht für mich!", flüsterte Sven. „Ich wünsche mir freie Drogen, Alkohol, Sex. Und den Führerschein mit 16. Scheiß auf den Frieden."

Manchmal nervte mich Sven, obwohl ich ihn mochte. Er musste immer übertreiben. Ficken und saufen, so einfach war das. Dabei war er so harmlos wie sonst was. Kein Mädchen weit und breit.

Unten im Eingangsbereich tauchte Ira auf. Als sie mich sah, kam sie zielstrebig auf mich zu. In ihrer schwarzen Perücke glitzerte der Schnee, und ein paar Flocken hatten sich in den Augenbrauen verfangen. Wie immer fiel sie direkt mit der Tür ins Haus.

„Hast du am Sonntag Zeit?", fragte sie mich. Schroff. Als wolle sie meine Antwort im Grunde gar nicht hören. „Meine Eltern würden dich gerne zum Mittagessen einladen!"

Sven warf mir einen komischen Blick zu. Verblüfft. So in die Richtung: Ist mir da was entgangen? Aber das gleiche Gefühl hatte ich auch. Familientreffen? Ich merkte, dass mir die Vorstellung nicht gefiel. Ich hatte Ira noch nicht einmal geküsst und sollte schon der Familie vorgeführt werden. Während mir das eine zu langsam ging, ging mir das hier eindeutig zu schnell.

„Das wird völlig harmlos", sagte Ira. Nett. Mit schmeichelndem Unterton.

„Die wollen bloß mal sehen, mit was für Leuten ich hier abhänge. Verstehst du? Welche Kumpels ich habe. Danach verziehen wir uns in mein Zimmer."

Das klang entschieden besser. Ira hatte mir bei unserem letzten Treffen erzählt, dass sie im ausgebauten

Dachboden lebte. Ein großes Zimmer. Ein eigenes Bad. Diesen Dachboden hatte ich mir nachts schon so detailliert herbeifantasiert, dass ich jeden Winkel in- und auswendig kannte. Ich stellte mir Ira dann immer in ihrem Bett vor, auf dem Schreibtisch, auf dem Boden. Scheiße, ging das irgendwann auch wieder vorbei?

„Klar komme ich", sagte ich und tat möglichst gelassen. „Und dein Zimmer. Darauf bin ich schon total gespannt."

„Wie siehst du denn aus?", fragte mich Mom, als ich am Sonntagvormittag im Bad stand. „Gehst du etwa zu deinem Vater?"

Ich schüttelte den Kopf und versuchte, das Gel in meinen Haaren so zu verteilen, dass es nicht völlig daneben aussah. Out of bed. Ich hatte immer noch nicht gecheckt, wie die in der Werbung das hinbekamen.

Energisch griff meine Mutter in meine Frisur und knetete ungelenk darin herum. „Verabredet?", fragte sie. „Mit dieser ... Isa ... mit dieser Ina? Die es versehentlich auf deine Matratze verschlagen hat."

Ich verzichtete auf einen Kommentar und befreite mich aus ihren Klauen.

„Es gibt doch auch normale Mädchen in deinem Alter!", sagte sie und schnüffelte an dem Aftershave, das ich mir am Vortag in der Drogerie gekauft hatte. Obsession. Mein Girokonto war mal wieder restlos leer geräumt.

Obsession *Name eines Herrenparfüms*

In meinem Zimmer zog ich die Tür hinter mir zu und durchsuchte nervös meine Nachttischschublade. Ich riss die Packung mit den Kondomen auf und steckte zwei davon in meinen Geldbeutel. „Extra reißfest".

Mein Handy piepte und eine SMS von Sven leuchtete auf. „Immer schön drauf!" Ich klickte den Text weg und schaltete das Telefon ab. Warum musste eigentlich jeder seinen Senf dazu abgeben? Im Uncle Sam's liefen wahrscheinlich schon Wetten, was, wann und wie passieren würde.

„Soll ich dich fahren?", fragte meine Mutter, die im Flur stand und sich die Augenbrauen zupfte. Ständig macht sie an sich selbst oder an anderen herum. Die totale Berufskrankheit.

Ich schnappte mir meine Jacke und zog mir die Mütze über die Ohren. „Ich fahre mit dem Rad. Und wenn ich bis sieben nicht da bin, kannst du ohne mich essen."

Die Gegend, in der Ira mit ihrer Familie wohnte, war eine regelrechte Bungalow-Parade. Vorgärten, große Einfahrten, Familiennamen auf Keramikschildern am Hauseingang. Vor den Garagen teure Autos. Ich war unschlüssig, ob ich das alles furchtbar oder bewundernswert fand. Meiner Mutter hätte es sicher gefallen. Bevor mein Vater sich davongemacht hatte, hatte sie samstags immer die Immobilienanzeigen in der Zeitung gelesen. Neben manche Annoncen hatte sie große Ausrufezeichen gemalt. Ultrafett. Einzelne Stichworte wie „großer Garten" oder „Sauna" waren zusätzlich eingekreist. Als der Alte seine Koffer gepackt hatte, war das Thema gestorben. Seitdem sprach Mom davon, wie praktisch Mietwohnungen waren.

Mein Fahrrad schob ich vor mir her, der Schnee lag so hoch, dass es absolut hirnrissig gewesen war, das Ding überhaupt aus dem Keller zu holen. Aber egal. Ich hatte keinen Bock gehabt, gefahren zu werden.

Schließlich fand ich die richtige Hausnummer, kettete mein Fahrrad an einen Laternenmast und blieb unschlüssig vor der Haustür stehen. Die Scheibe war geriffelt, sodass man zwar Licht erkennen konnte, aber keine scharfen Umrisse sah. Von innen ertönte klassische Musik. Irgendein Gefiedel. Fing ja gut an.

Ich drückte auf die Klingel, und die Musik brach für einen Moment ab. Keine Sekunde später setzte sie aber wieder ein und die Tür wurde aufgerissen.

Es war Ira. Sie trug Baggy Pants und ein einfaches Sweatshirt dazu. Um den Kopf hatte sie statt der Perücke ein oranges Handtuch geschlungen.

Baggy Pants *weit geschnittene Hose mit tiefem Bund*

„Habe mir eben noch die Haare gewaschen“, sagte sie und zog mich in den Hausflur. Ich starrte auf das Handtuch, konnte darunter aber nichts erkennen. Das ewige Geheimnis.

Im Flur roch es nach Braten und Duftkerzen. Nicht diese billigen künstlichen Raumsprays, die Mom in unserem Bad benutzte. Ein angenehmer, weihnachtlicher Geruch. Und darüber ein Hauch ... Vanille?

Die Musik war so laut, dass es problematisch war, ein Wort zu verstehen. „Meine Eltern sind noch in der Küche!“, brüllte Ira und deutete auf eine geschlossene Tür am Ende des Flurs. „Geh schon mal ins Esszimmer, ich komme gleich nach.“ Sie verschwand eine Treppe nach oben und nahm jeweils zwei Stufen auf einmal. Der Dachboden, dachte ich und steckte meinen Geldbeutel von der Jackentasche in meine Gesäßtasche. Für einen Moment stand ich wartend im Flur. Über die Musik hinweg konnte ich irgendwo im ersten Stock einen Föhn summen hören. Aus der geschlossenen Küchentür drangen Wortfetzen. Lautes Gelächter. Ein Husten.

Etwas hilflos hängte ich meine Jacke an den Bügel neben dem Wandspiegel und schnürte meine Schuhe auf. Dann schnürte ich sie wieder zu, weil es mir seltsam vorkam, bei völlig fremden Leuten in Strümpfen durch die Wohnung zu marschieren.

Ich stopfte die Mütze in den Jackenärmel und schaute mein Gesicht an. Die Haare klebten an meinem Kopf: Es sah aus, als hätte ich sie seit Jahren nicht mehr gewaschen. Scheiß Gel. Ich fuhr hektisch mit den Fingern darin herum, ließ es dann aber sein.

An den Wänden hingen großformatige Landschaftsmalereien. Unter einer konnte ich die Jahreszahl erkennen: 1892. Auf dem Boden lag ein hässlicher Teppich. Die Fransen wirkten ordentlich gekämmt und zeigten in Richtung einer antiken Schrankuhr. Tick, tack. Tick, tack. Vorsichtig ging ich auf die geöffnete Schiebetür zu, die in das Esszimmer zu der Musik führte. Zwei Stufen gingen in den Raum hinab. Er war groß und lichtdurchflutet, und in der Mitte des Zimmers stand ein gewaltiger Tisch, über dem ein prunkvoller Kerzenleuchter hing. Ein paar Schritte daneben, auf einem Hocker, saß ein Mädchen und spielte auf einem Instrument, das aussah wie eine riesige Geige. Ein Kontrabass? Im Hintergrund lief eine Klassik-CD in voller Lautstärke. Karaoke für Abgefahrene, dachte ich und lehnte mich an den Türrahmen.

Das Mädchen hatte mir den Rücken zugekehrt, aber ich konnte ihr Spiegelbild in dem großen Panoramafenster sehen, das in den Garten hinausführte. Sie war etwa 16, vielleicht ein Jahr älter. Sie spielte mit geschlossenen Augen und führte mit der rechten Hand den Bogen so geschmeidig, als würde sie damit dirigieren. Dabei hob sie den Brustkorb, ihren Kopf hielt sie leicht gesenkt. Die Bewegung sah sexy aus, und ich musste an eine Postkarte denken, die ich einmal in einem Souvenirladen gesehen hatte. Eine nackte Frau, auf deren Rücken die Umrisse einer Geige eingezeichnet waren.

Die Ähnlichkeit mit Ira war extrem, fast unheimlich. Ihre Haare waren braun und mit einem grünen Lederband zu einem Pferdeschwanz nach hinten gebunden. Das Gesicht wirkte etwas weicher als das von Ira, von der Statur her schien sie aber ein Stück größer zu sein. Sie trug schwarze Klamotten. Eine Art japanischen Kimono mit weiten Ärmeln. Darunter eine schwarze weite Hose und graue Turnschuhe. Erinnerte ein bisschen an Kampfsportklamotten. Aikido? Sie sah aus wie eine Statistin aus einem Quentin-Tarantino-Film.

Kimono *traditionelles japanisches Kleidungsstück, knöchellanges Wickelgewand mit breitem Gürtel*

Die Musik wurde schneller und sie peitschte den Bogen über die Saiten. Die Haut an ihrem Nacken glänzte, und man konnte die Härchen auf ihrem hellen Arm sehen.

Quentin Tarantino *US-amerikanischer Regisseur, Schauspieler, Produzent und Drehbuchautor (geb. 1963)*

Diese Familie ist schräg, dachte ich, während das Stück immer heftiger wurde und Iras Schwester mit voller Kraft dagegen anspielte. Zwei verrückte Töchter: Die eine rennt mit Perücke in der Gegend herum, die andere verkleidet sich als Japanerin. Auf die Eltern war ich echt gespannt.

Die CD war zu Ende, und das Mädchen öffnete die Augen.

„Klassik ist öde!“, sagte Ira, die unbemerkt hinter mich getreten war. Sie hatte wieder ihre Perücke auf und sich die Wimpern hellblau getuscht, wie ein Filmstar aus den 80er Jahren. „Für das Cello könnte man sich eine E-Gitarre kaufen! Oder ein Schlagzeug.“

Ich hatte Probleme, mich von dem Spiegelbild des anderen Mädchens abzuwenden. Sie betrachtete mich ihrerseits in der Scheibe. Wir starrten uns direkt in die Augen, ohne uns wirklich ins Gesicht zu sehen. Ich war wie hypnotisiert. Keine Ahnung. Ich meine, ich kannte sie gar nicht. Eben noch hatte ich mich mit extra reißfesten Gummis auf den Weg zu Ira Lassen gemacht, und jetzt stand ich da, in einem fremden Esszimmer, mit einem fremden Mädchen an einem Cello, das ich für einen Kontrabass gehalten hatte, und konnte nicht anders, als sie anzustarren. Es lag eine komische Spannung in der Luft. Als wäre alles elektrisiert. Dieser Kimono, die Musik, die weiten Ärmel und darunter die weiße Haut. Der Bogen, der durch die Luft floss, diese Bewegung. Der ernste Gesichtsausdruck, das streng nach hinten gebundene Haar. Das Lederband, diese dunklen Augen. Und dazu dieser grandiose Geruch in der Luft. Vanille? Vanille. Sexappeal, dachte ich. Genau, das ist es.

„Du hast mir gar nicht erzählt, dass du eine Schwester hast“, sagte ich heiser und riss mich endlich zusammen. Der Dachboden war aus meinem Gehirn gelöscht. Iras Perücke, die blaue Wimperntusche und die silberne Haarsträhne fand ich auf einmal albern.

Ira lachte hell auf, und das Mädchen drehte sich abrupt um.

Dabei löste sich das Lederband aus ihrem Haar, und sie bückte sich, es aufzuheben. Ira schob mich die Stufen hinab in das Zimmer hinein. „Darf ich vorstellen?“, fragte sie und lachte dabei immer noch. „Das ist Tobias aus meiner Klasse. Und dort am Cello sitzt Alex, mein Bruder.“

Ich verschluckte mich vor Schreck und fing an zu husten. Ira schlug mir kräftig auf den Rücken, und der Typ, den ich für ein Mädchen gehalten hatte, warf mir einen komischen Blick zu. Als wollte er mich abchecken. Kühl, mit so einer Spur leiser Verachtung.

„Mach dir nichts draus!“, prustete Ira und schlug mir noch einmal auf den Rücken. „Weißt du, das passiert ständig. Ständig halten ihn die Leute für ein ... na, ein Mädchen.“

„Ira hat schon viel von Ihnen erzählt!“, sagte Frau Lassen, als wir am Mittagstisch saßen.

Ich musste an den Pokal denken, die Playmobilfiguren. „Hoffentlich nicht zu viel“, sagte ich, und die Frau lächelte. Sie wirkte auf mich völlig normal. Genauso wie der Vater. Nette Leute. Sie erinnerten mich an Svens Eltern, und ich fragte mich, wie Ira darauf kam, so abfällig über sie zu reden. Die Mutter trug ihre Haare kurz, sie gingen ihr knapp über die Ohren. Sie war hübsch und hatte die gleiche kantige Gesichtsform wie Ira. Als sie bemerkte, dass ich sie anstarrte, errötete sie und schenkte ihrem Mann Wein ein.

Iras Vater war ein gemütlicher, leicht untersetzter Mann mit einem Ansatz zur Glatze. Er lachte eigentlich ständig, meistens über seine eigenen Witze. Alles in allem sympathisch, auch wenn einem seine Anekdoten mit der Zeit wahrscheinlich auf den Nerv gingen. Ich überlegte, was Ira wohl über meinen Vater sagen würde. Ich stellte mir vor, wie er auf dem Quelle-Sofa saß und in Blondies Ausschnitt stierte. Der alte Idiot. Ich war froh, dass er weg war.

„Tobias hat Alex für meine Schwester gehalten“, platzte Ira heraus und trat mir unter dem Tisch gegen das Bein. „Meine musikalische Schwester“, sagte sie und schob sich ein Stück Braten in den Mund.

Herr und Frau Lassen lachten.

„Ich sage schon seit Jahren, er soll endlich seine Haare abschneiden“, sagte Frau Lassen.

Alex hob sein Weinglas und schaute mich einen Moment an. Mir war unangenehm, wie er mich anstarrte. Es war der gleiche seltsame Blick, den er mir schon eben, bei unserem peinlichen Kennenlernen, zugeworfen hatte. Ein bisschen von oben herab. Spöttisch, als wäre er Jahre älter als ich.

„Mein ganzer guter Ruf wäre dahin!“, sagte er und strich sich eine Strähne aus dem Gesicht.

Seine Mutter verdrehte die Augen und Ira legte mir völlig unvermittelt die Hand aufs Knie.

„Alex ist in einem Internat in Hessen“, sagte sie. „Ein musisches Internat.“ Es klang stolz.

„Er ist unsere kleine Cellistin“, sagte ihr Vater und lachte laut über seinen eigenen Scherz. „Weißt du noch, Alex, wie du dich als Kind zu Fasching immer als Prinzessin verkleiden wolltest?“

Frau Lassen gluckste und hielt sich die Serviette an den Mund.

„Spielen Sie ein Instrument, Tobias?“, fragte Herr Lassen schließlich, und ich schüttelte den Kopf.

Alex saß mir genau gegenüber und aß schweigend seine Mahlzeit. Ich wusste nicht, ob er die Kommentare lustig oder überflüssig fand. Er wirkte seltsam abwesend. Teilnahmslos. Einmal trafen sich unsere Blicke für einen Moment, und rasch schaute ich auf meinen Teller. Mir war schleierhaft, wie man ihn nicht für ein Mädchen halten konnte. Es lag nicht an den Haaren. Es war ... etwas anderes. Mich wunderte, wie Ira und ihre Eltern so blind sein konnten.

„Was wollen Sie nach dem Abitur machen?“, fragte mich Iras Vater, und ich wurde aus meinen Gedanken gerissen.

„Keine Ahnung“, sagte ich. „Bundeswehr? Vielleicht werde ich ausgemustert.“

Ira lachte. „Weswegen? Wegen null Bock?“ Sie hatte ihre Hand wieder von meinem Knie genommen, und ich beeilte mich, meine Portion aufzuessen.

„Das wäre doch was, Alex“, sagte Iras Vater. „Du gehst als Prinzessin verkleidet zur Musterung. Da wirst du sofort vom Dienst an der Waffe befreit!“ Er lachte dröhnend. „Was, Alex? Das wäre doch was!“

„Ist dein Bruder ein Freak oder so?“, fragte ich, als wir nach dem Mittagessen oben in Iras Zimmer verschwanden und ihre CD-Sammlung hörten. „Unzüchtiger Knabenchor“. Von der Band hatte ich noch nie gehört und kam mir plötzlich vor wie der letzte Hinterwäldler. Die Beats waren so laut, dass die Glasvitrine am anderen Ende des Raumes zitterte. Ira sammelte darin Porzellanfiguren, die ordentlich in den einzelnen Fächern aufgereiht waren. Eigentlich fand ich diese Sammlungen kitschig. Aber weil ich wusste, dass es Iras Sammlung war, hatte das Ganze etwas Abgefahrenes. Der rosa Pudel mit dem Herzen in der Schnauze gefiel mir am besten.

Freak *hier: jemand, der sich in übertriebener Weise für etwas begeistert*

Wir saßen auf dem riesigen Flokati, der quer über dem Dielenboden lag, und aßen Erdnüsse mit Honigkruste. Ich stand auf die Dinger und Ira hatte ein ganzes Nachtkästchen voll. Erdnüsse, Macadamia-Nuts. Schokolinsen.

Flokati *Teppich mit langen, haarigen Wollfäden*

„Ein Freak?“, fragte Ira irritiert, als wäre es das erste Mal, dass jemand sie auf ihren Bruder angesprochen hatte.

Auf der Treppe waren Schritte zu hören und nebenan sprang die Tür auf. Ira hatte leider vergessen zu erwähnen, dass der ausgebaute Dachboden nicht ihr allein gehörte, sondern im Nebenzimmer ihr Bruder wohnte. Keine Ahnung, was der jetzt machte. Mir war der Typ unheimlich.

Ich stellte die Musik mit der Fernbedienung lauter. Ira grinste. „Der kann uns nicht hören“, sagte sie und sprang vom Teppich hoch. Sie kickte ihre Turnschuhe in eine Ecke und sprang auf ihr Bett. Ein paar Sekunden lang hopste sie lachend darauf herum, und die Federn krachten gefährlich. Es hörte sich an, als würden zwei die Nummer ihres Lebens schieben. „Absolut schalldicht!“, schrie Ira und keuchte. „Man kann hier alles machen! ALLES!“

Dann hatte sich der unzüchtige Knabenchor ausgetobt und sie legte eine neue Scheibe auf. „Tokio Suicide“.

„Mein Bruder hat diesen Tick mit den Haaren. Schon seit er ganz klein ist“, sagte sie atemlos und ließ sich wieder neben mich plumpsen. Sie rutschte auf den Knien zu ihrem Wandregal und nahm ein rotes Album heraus. „Meine schönsten Kindheitserinnerungen“ stand darauf.

Mir fiel wieder ein, dass mein Vater unser Fotoalbum einfach mitgenommen hatte. Mom hatte sich ziemlich darüber aufgeregt. Vielleicht schaute er manchmal hinein, um sich zu freuen, dass das alles vorüber war. Die Italienurlaube an der Adria. Die Familienfeste im Goldenen Hirschen. Meine Exfrau, mein Exsohn, mein Exleben.

Ira blätterte die Seiten um und hielt mir das Album unter die Nase.

„Wer ist wer?“, fragte sie und grinste.

Auf dem Bild sah man zwei kleine Kinder mit halblangen Ponyfrisuren in rot gestreiften Schlafanzügen. Ich starrte auf das Polaroid und schüttelte den Kopf.

Polaroid *Foto einer Sofortbildkamera*

„Alex und ich sind Zwillinge“, sagte Ira. „Ehrlich, ich glaube, Alex will einfach so sein wie ich.“ Sie klappte das Buch zu und legte sich auf den Flokati. „Schon immer hat er mich nachgemacht. Schon immer!“

Ich fand eigentlich gar nicht, dass er versuchte, Ira nachzumachen. Ich fand eher, dass er versuchte, auszuschauen wie eine Frau.

Homo *Abkürzung für: Homosexueller*

„Vielleicht ist er ein Homo“, sagte ich. „Hast du ihn schon mal mit einem anderen Jungen gesehen?“

Ira zuckte mit den Schultern. Offensichtlich war ihr das egal. Auf einmal nervte sie mich. Dieses ganze ultracoole Getue. Und den Flokati fand ich eigentlich auch ätzend.

„Ich dachte, du kommst nicht zum Abendessen!" Meine Mutter hatte rot geäderte Augen und mir fielen die kleinen Falten um ihren Mund herum auf. Sie saß allein am Küchentisch und kaute an einem traurigen Butterbrot.

„Es war früher aus", sagte ich, als wäre ich bei einem Kindergeburtstag gewesen. Als wäre ich sechs und nicht 16. Zum ersten Mal überlegte ich mir, ob ich jemals hier wegkommen würde. We proudly present: Miss Krug and her crazy son, still living with her. She is 72 years old and crazy son is 45!

Ich schnitt mir eine Scheibe Brot ab und biss hinein.

„Und, wie sehen ihre Haare aus?", fragte sie und trank einen Schluck Spezi.

Ich dachte an Iras Eltern, die während des Mittagessens eine Flasche teuren Rotwein geleert hatten. Herr Ober, bitte ein Spezi für meine verlassene, faltige Mutter!

„Keine Ahnung", sagte ich. „Sie nimmt dieses Ding nicht ab. Vielleicht hat sie echt eine Glatze? Weißt du, sie kommt aus Berlin."

Meine Mutter nickte verständnisvoll und trank den letzten Schluck Spezi aus.

„Und, was machen ihre Eltern?"

„Der Vater ist so ein Bürohengst", log ich. „Und die Mutter ist Krankenschwester. Sie wollen sich scheiden lassen."

Wieder ein Nicken. Zu meiner Verärgerung aber weniger begeistert, als ich gehofft hatte.

„Geht ihr jetzt miteinander?“

Mir fiel ein, dass ich Sven noch anrufen musste. Den Kommentar wollte ich hören, wenn ich ihm von diesem Alex erzählte.

Ich setzte ein fragendes Gesicht auf. „Wir sind befreundet“, sagte ich und versuchte, es möglichst gleichgültig klingen zu lassen. Als wäre es Ira, die diesen Satz sagte. Gelassen, ein bisschen verwundert, aber im Grunde völlig desinteressiert. Just friends. Lying on a Flokati.

„Hey, Sven, wie sieht's aus?“, sagte ich und versuchte, die Tür trotz des Telefonkabels hinter mir zuzuziehen. Wir waren die letzten Erdenbewohner, die kein tragbares Telefon hatten. Mom stand auf diesen Nostalgiescheiß. Wählscheibe. Wir waren so out, dass es wehtat.

„Du reißt gleich das Kabel aus der Wand!“, sagte meine Mutter von draußen und klopfte verärgert an meine Tür. Dann verschwand sie schimpfend im Wohnzimmer. Ich hörte, wie der Fernseher angeschaltet wurde, und atmete erleichtert auf.

„Also, was lief?“, fragte Sven ungeduldig.

Ich klemmte mir den Hörer unter das Kinn.

„Nichts“, sagte ich. „Aber die Familie ist total gestört.“ Sven gab einen abfälligen Laut von sich. „Wenn dein Vorschlaghammer nicht bald zum Einsatz kommt, kannst du es langsam vergessen.“

Dein Vorschlaghammer! Immer schön drauf. Auf einmal hatte ich keinen Bock mehr, von Alex zu erzählen.

„Die sind extrem reich. Weißt du, der Vater ist Arzt. Und sie ist Krankenschwester.“

„He, genau die Story habe ich kürzlich in einem Porno gesehen!“, sagte Sven in den Hörer, und ich runzelte die Stirn.

„Der Bruder rennt rum, als wäre er ein Mädchen.“ Ich hatte die Katze endlich aus dem Sack gelassen.

„Aha“, sagte Sven.

Scheiße. Der Effekt war verspielt. Ich hätte ihm die ganze Szene beschreiben müssen. Diese abgefahrene Spiegelgeschichte. Wie ich im Türrahmen stand und voll auf die Tussi am Cello abfuhr, und dann ...

„Was machst du morgen?“, fragte Sven.

Als ob wir jemals etwas vorhätten. Als ob jemals einer von uns beiden großartig verabredet war! Er wartete meine Antwort gar nicht erst ab.

„Wollen wir uns zum Sport treffen? Und danach ins Uncle Sam’s? Mein Alkoholpegel sinkt langsam, aber sicher auf null.“

Wir machten eine Zeit aus, und ich trug den Hörer zurück zum Telefon auf dem Tischchen.

„Hast du mit deinem Vater telefoniert?“, fragte meine Mutter durch die angelehnte Wohnzimmertür.

„Mit Sven“, rief ich zurück.

Dann verzog ich mich wieder in mein Zimmer.

Mitten in der Nacht wachte ich auf, weil ich einen seltsamen Traum gehabt hatte. Ich brachte ihn nicht mehr zusammen, als ich keuchend im Bett lag und mit weit aufgerissenen Augen an die Decke starrte. Es hatte etwas mit Ira zu tun gehabt. Mit Ira und ihrer seltsamen Familie. Und natürlich mit ihrem Bruder, der offensichtlich darauf stand, sich als ihre Schwester auszugeben. Ja, da war ich mir inzwischen ganz sicher. Das war kein Zufall gewesen. Sondern absolut geplant. Dieser Blick, den er mir zugeworfen hatte. Er hatte überhaupt nichts Verachtungsvolles ausgestrahlt. Er war ein Ausdruck von Triumph gewesen. Der Triumph darüber, dass ich ihm absolut auf den Leim gegangen war.

„Was machen eure Bewerbungen für ein Praktikum?", fragte die Schneidmüller in der dritten Stunde.

Sozialkundeunterricht. Themenschwerpunkt Berufsfindung. Sven stieß mich unter dem Tisch an, und ich verdrehte die Augen. Super. Das hatte ich total vergessen.

Vor drei Monaten hatte uns die Schneidmüller verkündet, die Schule hätte für die Zehnten zwei Praxiswochen eingeführt. Wir sollten im Januar für 14 Tage in einen Betrieb, „schnuppern gehen". Ich fand diesen Ausdruck schon völlig daneben. Schnuppern gehen. Als wären wir in der Hundeschule.

Ein paar Mädchen meldeten sich und gaben damit an, in welchem Büro sie demnächst die Karriere ihres Lebens beginnen würden. Eine hatte die Zusage von der Stadtsparkasse bekommen. Eine andere würde in einem Sportladen aushelfen. Ich beneidete die mit dem Sportladen. Sicher bekam sie dort Prozente. Mist, dass ich da nicht selber draufgekommen war.

„Und was ist mit den Herren?", fragte die Schneidmüller spitz. Die Herren. Das war auch so ein Ausdruck. Ich konnte die Kuh einfach nicht ausstehen.

„Was beispielsweise ist mit dir, Sven?", fragte sie, und man konnte deutlich hören, was sie dachte.

Sven steckte sich seinen Bleistift hinter das Ohr. Eine Geste, die die meisten Lehrer wirklich an ihm hassten.

„Es gibt da so eine Kneipe."

Die Schneidmüller starrte ihn an wie der Habicht seine Beute. „Da werde ich wohl aushelfen. Gastronomie finde ich unheimlich spannend." Er räusperte sich und versuchte nicht zu lachen. Uncle Sam's. Nun war auch diese Möglichkeit weg. Sie schien zufrieden.

„Und du, Tobias?", fragte die Schneidmüller mich. Meine Sozialkundenote war schlecht, weil ich die erste

Klausur verbockt hatte. Wenn ich das hier nicht einigermaßen geschickt hinter mich brachte, würde ich ein echtes Problem bekommen.

„Ich habe einen Praktikumsplatz im Hotel Sonnenhof", rutschte es mir heraus, und meine Wangen wurden heiß. Bloß nichts anmerken lassen. Ganz relaxt. Nichts als die Wahrheit.

„Ach?" Die Schneidmüller wirkte überrascht. Der Habicht war besänftigt und verwandelte sich in ein Rotkehlchen.

„Die Tourismusbranche hat Wachstumspotenzial. Das war eine gute Entscheidung, Tobias."

Ich nickte verlegen und hoffte, meine Mutter würde meinen Kopf retten. Sicherlich gab es irgendwo etwas für mich zu tun. An der Rezeption vielleicht oder an der Bar. Im Notfall würde ich den Kofferboy spielen. Irgendwie gefiel mir die Vorstellung. Vielleicht bekam ich sogar einen Anzug gestellt.

Sven neben mir gluckste. „Das war cool, Alter", flüsterte er. „Wenn ich erst bei Uncle Sam's arbeite, probieren wir die Cocktailkarte einmal von oben nach unten. Kostenlos!"

Die Schneidmüller schrieb einige Punkte an die Tafel, die wir nicht vergessen sollten. Ein Praktikumszeugnis. Einen Praktikumsbericht. Ich drehte mich zu Ira um, die sich hinter mich gesetzt hatte.

„Und du?", flüsterte ich.

Sie zuckte gleichgültig mit den Schultern.

Dann kritzelte sie etwas auf ein Schmierpapier und reichte es mir nach vorne.

„Silvester bei mir?", stand darauf.

Ich schluckte. „Klar!", schrieb ich darunter. Dann fiel mir ein, dass ich Sven versprochen hatte, mit auf eine Fete zu gehen. Birgit aus der Parallelklasse hatte schon vor einem halben Jahr die Einladungskarten verteilt. Angeblich gab es ein Schwimmbad im Keller. Und die Wodka-Bowle war Kult.

„Wir müssen vorher zu Birgit“, schrieb ich daneben. Ira nickte, zerknüllte das Papier und schnipste es vom Tisch.

Draußen lag die Temperatur knapp unter dem Gefrierpunkt. Schneegestöber war angesagt. Ich blieb am Eingangstor stehen, wickelte meinen Schal dreifach um meinen Hals und spurtete los. Hinter mir rief jemand: „Tobias?“ Ich drehte mich um. Eine dick eingemummte Frau kam auf mich zu. Das Gesicht war unter einer pinken Mütze versteckt, die Nase leuchtete rot in der Kälte. Der restliche Körper wurde von einem Webpelzmantel mit goldenen Plastikknöpfen verschluckt. Die Tussi war sich auch für nichts zu schade.

„Tobias!“, rief sie erleichtert und drückte mich überschwänglich an sich.

Ich ging einen Schritt zurück. „Hallo, Blondie.“

Sie lachte. „Blandine. Nicht Blondie. Wann merkst du es dir endlich? Aber immerhin erkennst du mich noch. Du hast dich ewig nicht mehr blicken lassen!“

Ein paar Leute aus meiner Klasse gingen an uns vorbei.

„Dein Vater vermisst dich, Kleiner.“

Ich warf ihr einen abfälligen Blick zu. Ihr „Kleiner“ konnte sie sich sonst wohin stecken.

„Komm doch an Weihnachten zu uns!“ Sie packte meine Hand und drückte sie fest. Sicherlich sah es so aus, als wären wir beste Freunde. „Wir machen eine Gans. Wird bestimmt total gemütlich. Brauchst auch keine Geschenke mitbringen.“

Ich schüttelte den Kopf.

Blondie wischte mir eine Schneeflocke aus dem Gesicht und grinste. „Dein Vater schenkt dir Geld für den Rollerschein. Aber pst. Von mir hast du es nicht."

Blöde Zicke. Von wem sollte ich es sonst haben?

Wieder schüttelte ich den Kopf. „Weihnachten geht nicht. Meine Mutter ist sonst allein."

Blondies Lächeln wich für eine Millisekunde aus ihrem Gesicht. Dann rückte sie näher, bis ihr Gesicht nur wenige Zentimeter von meinem entfernt war. „Ach komm, Tobi. Dann eben am ersten Weihnachtsfeiertag. Für deinen Vater ist das wirklich enorm wichtig. Vor allem jetzt, wo ich ..." Sie machte eine gekünstelte Pause und tätschelte mit ihren Händen an ihrem Bauch herum. Ich starrte sie mit aufgerissenen Augen an. Aus einem Impuls heraus umarmte sie mich, und ein Typ aus meiner Klasse, der eben vorbeimarschierte, blieb verwundert stehen.

„Ist das nicht toll, Tobi? Dein Vater und ich bekommen ein Baby!"

Krass. Wenn das Baby so alt ist wie ich jetzt, bin ich längst über 30. Über 30! Das war unvorstellbar.

Ich schüttelte den Kopf. Blondie wirkte enttäuscht. „Mensch, Tobi. Du bist doch schließlich der ältere Bruder. Freu dich doch. Endlich ein Geschwisterchen!"

Vor ewig langer Zeit hatte ich ein Gespräch zwischen meiner Mutter und einer Nachbarin belauscht. Es musste fünf oder sechs Jahre her sein.

„Nein. Ich habe mir die Eileiter abklemmen lassen."

Ich stand in der Küche, und Mutter und Frau Klein saßen nebenan im Wohnzimmer. Sie hatten nicht mitbekommen, dass ich mein Zimmer verlassen hatte, oder vielleicht war es ihnen auch einfach egal.

„Wissen Sie ...", sagte meine Mutter beinahe triumphierend, „ein Kind reicht doch im Grunde. Und jetzt ist

sich die Eileiter abklemmen lassen *Operation, bei der eine Frau unfruchtbar (steril) gemacht wird, um weitere Schwangerschaften zu verhindern* der Junge aus dem Gröbsten raus. Es ist Zeit, dass Johannes und ich das Leben genießen."

Das Leben genießen. Ich starrte Blondie an, die immer noch blöde ihren Bauch tätschelte.

„Erster Weihnachtsfeiertag ist in Ordnung", murmelte ich und schüttelte noch einmal den Kopf. Dann drehte ich mich um und ging einfach weiter. Ohne mich von ihr zu verabschieden.

„Spinnst du?" Meine Mutter blickte mich an, als hätte ich vollständig den Verstand verloren. „Im Sonnenhof?"

Je öfter sie es wiederholte, desto ungläubiger klang es. Als wollte ich mir einen Praktikumsplatz im Weißen Haus ermogeln. Irgendwie hatte ich plötzlich Bock, ihr von Blondies Auftritt vor der Schule zu erzählen. Blondie schwanger. Ein Geschwisterchen. Das war echt der Abschuss.

Meine Mutter schob sich eine Salzstange in den Mund und starrte auf die Mattscheibe, wo drei Politiker sich die Köpfe heiß redeten. Seit wann guckte sie so was? Mir fiel auf, dass unsere gemeinsamen Fernsehabende irgendwann in den letzten vier Wochen schlagartig aufgehört hatten. Komisch, dass mir das erst jetzt bewusst wurde.

„Im Januar fangen zwei neue Auszubildende an. Da kann ich nicht einfach mit dir ankommen."

Mit dir ankommen. Das klang, als wäre ich eine ansteckende Krankheit.

„Scheiße."

„Ja, ganz schöne Scheiße." Mom funkelte mich böse an. „Frag gefälligst, ehe du solche Aktionen startest."

Ich verschränkte die Arme vor der Brust.

„Ich dachte, du kannst da was für mich deichseln."

Meine Mutter brummte etwas Unverständliches und

nippte an ihrem Wein. Sie stellte das Glas zu heftig wieder ab, und der Wein schwappte über.

„Ich rede morgen mit meinem Chef."

Sie schaltete durch die Programme und blieb auf einer Wiederholung von Aliens hängen. Sigourney Weaver mit raspelkurzen Haaren.

Alien *Außerirdischer (hier: Filmtitel)*

Sigourney Weaver *US-amerikanische Schauspielerin (geb. 1949)*

„Versuchen kann ich es ja."

Schweigen.

„Gibt es Neuigkeiten von deinem Vater?"

Ich schüttelte den Kopf. „Seit Monaten nichts mehr von ihm gehört."

Meine Mutter sagte etwas Abfälliges. Sie stellte den Ton lauter und trank ihr Glas vollständig leer. „Stell dir mal vor, Sigourney war damals genau im gleichen Alter wie ich jetzt. Im gleichen Alter, das musst du dir mal vorstellen!"

Wirklich? Ich versuchte zu nicken. Dann ging ich ins Bett.

„Mein Vater fälscht mir ein Zeugnis. Praktikum im Krankenhaus", sagte mir Ira am nächsten Morgen. „Ich bin doch nicht vollkommen durchgeknallt."

Aha. Durchgeknallt. Wenn ich Glück hatte, würde mir Mom eine beschissene Beschäftigung im Sonnenhof herausschlagen. Wahrscheinlich würde sie eher tot umfallen, als mir eine Bescheinigung zu fälschen.

„Was ist nun eigentlich mit Silvester?"

Ich zuckte mit den Schultern. „Wie gesagt. Birgit schmeißt eine Party. Danach können wir zu dir."

Ira nickte, und mir fiel auf, wie ähnlich sie ihrem seltsamen Bruder Alex sah.

„Du kannst ja dann einfach klingeln. Es sind auch ein paar Freunde meiner Eltern da. Wäre schön, wenn du um Mitternacht bei uns wärst."

Aha. So war das. Birgit also ohne Ira.

„Sehen wir uns vorher noch mal?"

Ich überlegte kurz und vergrub meine linke Hand in der Jackentasche, wo ich das kalte Metall des Feuerzeugs betastete. An Weihnachten war Programm mit meiner Mutter angesagt. Am ersten Feiertag hatte ich mich breitschlagen lassen, bei meinem Vater vorbeizuschauen. Geld für den Rollerschein. Und bald ein fettes Geschwisterchen. Wenn ich nur daran dachte, bekam ich die Krise.

Zweiter Feiertag ... keine Ahnung.

„Ich melde mich einfach bei dir", sagte ich und fischte ein Päckchen aus meinem Rucksack. „Für dich, zum Weihnachtsfest."

Ira wirkte überrascht. „Ein Geschenk? Sorry. Ich habe nichts für dich."

„Schon vergessen?" Ich zog das Adler-Feuerzeug aus der Jackentasche und ließ es aufflammen.

Ira lachte. „Quatsch. Das ist doch schon einen Monat her. Das war doch eher so eine Art spontanes Freundschaftsgeschenk."

Dann beugte sie sich zu mir und presste mir einen Kuss auf die Wange. „Bis spätestens Silvester", flüsterte sie und drehte sich um.

Ich hob meine Hand wie zum Gruß. Blöd sah das aus. Weil ich kein Wort herausbrachte. Sondern nur dastand, mit erhobener Hand, und ihr hinterherstarrte.

Weihnachten

Einmal hatte an Weihnachten unser Baum gebrannt. Ich muss sechs oder sieben gewesen sein. Es ging alles so verflixt schnell, dass wir später gar nicht genau wussten, an welcher Stelle das Feuer ausgebrochen war. Vermutlich lag es an den kleinen orangen Stumpenkerzen, auf die meine Mutter damals noch bestand. Das Bild auf jeden Fall war fest in meinem Kopf. Der lodernde Weihnachtsbaum und mein Vater, der ihn innerhalb weniger Minuten gelöscht hatte. Die Geschenke waren völlig durchweicht gewesen.

Seither waren wir auf Plastiktannen mit Elektrokerzen umgestiegen.

„Das sieht richtig ... besinnlich aus!“, sagte Tante Ellen unsicher, als sie in unserem Wohnzimmer stand. Obwohl ich dagegen gewesen war, hatte Mutter die hässliche Plastiktanne aus dem Keller gehievt und sie in stundenlanger Arbeit mit Lametta, Kugeln und Elektrokerzen geschmückt. Der Baum hatte an einigen Stellen schwer gelitten und war völlig überfrachtet mit scheußlichem Schmuck. Das räudige Monstrum stand links neben dem Fernseher, in dem eben Bilder des Jahres flimmerten.

Bilder des Jahres.

Ich schaute an Tante Ellen vorbei auf die Mattscheibe.

Die Bilder meines Jahres: die Koffer und Kisten meines Vaters im Flur, die tagelang herumgestanden hatten, ehe sie endgültig von einem Umzugsunternehmen abgeholt worden waren. Ständig war man über das Gepäck gestolpert, und zweimal hatte ich voller Zorn gegen eine der Taschen getreten.

Die grüne Isomatte, die neben meinem Bett ausgebreitet worden war, weil meine Mutter meinem Vater den Zutritt zum Schlafzimmer verwehrt hatte. Wo war die Matte eigentlich abgeblieben? Vielleicht lag sie jetzt in Blondies Schrank, für den Fall, dass sie wieder gebraucht wurde.

Die Dose Pepsi-Coke, auf die ich starrte, während mein Vater mir in seinem Büro ein Gespräch unter Männern aufdrängte.

„Glaubst du vielleicht, man verliebt sich nur einmal im Leben und dann nie wieder?“ Blablabla. Die Dose war faszinierend. Bislang hatte ich mir nie Gedanken darüber gemacht, was in einer einfachen Dose Pepsi alles enthalten ist.

Das erste Treffen mit Blondie. Sie in einem getigerten Top, das ihr eine Nummer zu klein war.

„Du bist also der Tobi! Dein Vater hat so viel von dir erzählt!“

Die Bilder meines Jahres. Ich dachte daran, wie ich vor vier Monaten ins Klassenzimmer gestürmt war und Ira hinten am Fenster saß. Ira, mit der Perücke und den rätselhaften Augen.

Sie hatte so geheimnisvoll ausgesehen an dem Tag. Als würde sie gar nicht richtig dazugehören ... Plötzlich schob sich ein anderes Bild vor meine Augen. Eine Cellospielerin, die sich im Glas einer Fensterscheibe spiegelt. Ein warmes Gefühl breitete sich in meiner Magengegend aus. Ein Blick bohrte sich in mein Hirn. Ein Blick, den ich verdammt noch mal nicht mehr aus dem Kopf bekam.

„Ist was, Tobi?“ Tante Ellen starrte mich besorgt an. „Du hast gerade gewirkt, als ob du einen Blackout hättest.“

Meine Mutter schaltete den Fernseher aus. „All diese furchtbaren Bilder. Als ob es nicht auch erfreuliche Momente gäbe!“

Später am Nachmittag war die Bescherung. Ich bekam eine Funkmaus für meinen Computer. Drei Unterhemden, hässlich, aber praktisch. Einen Füllfederhalter mit einer protzigen Verschlusskappe. Von mir bekam Mom einen Schal, den sie sich gewünscht hatte. Ellen schenkte ihr ein Paar silberne Ohrringe. Modeschmuck.

Ich hatte mir vorher nicht gerade den Kopf darüber zerbrochen, wie das Weihnachtsfest dieses Jahr ablaufen würde. Bislang hatten wir uns immer an das gleiche Muster gehalten. Jetzt mussten wir improvisieren.

Nach den Geschenken liefen wir zu Tante Ellens Wohnung in der Stadtmitte. Es gab panierten Fisch und lauwarmen Kartoffelsalat. Der Kartoffelsalat war mit zu viel Maggi gewürzt, und die Zwiebeln waren so scharf, dass uns die Augen tränten. Angeblich war das das einzige Essen, das Tante Ellen zustande brachte.

Gespräche über die Familie. Ein kurzer Streit über die Grabpflege. Dann ging Tante Ellens Telefon und sie verschwand damit in ihrem Schlafzimmer. Mom und ich warfen uns einen wissenden Blick zu. Eingeweiht.

Schon im Sommer hatte Mom angedeutet, dass Ellen einen Liebhaber hatte. Ein verheirateter Mann, seinen Namen wollte Ellen nicht rausrücken. Auch deswegen gab es in letzter Zeit öfter Zoff mit ihr. Mom warf ihr vor, die Ehe einer anderen Frau zu ruinieren.

Gegen halb zehn machten wir uns auf den Heimweg.

„Man merkt es eigentlich gar nicht."

Wir liefen nebeneinanderher. Mutter und Sohn. Ich fragte mich, ob man uns das ansah.

„Was merkt man nicht?"

Es hatte wieder angefangen zu schneien. Eine weiße Weihnacht! Wie in kitschigen Filmen aus den 50ern. Damit konnte ich eigentlich überhaupt nichts anfangen. Ich war froh, wenn die Feiertage endlich vorüber waren.

Mom blieb stehen und starrte hoch in den Himmel. Das hatte sie schon früher immer gemacht. Gesicht hoch. Bei Regen oder Schneegestöber. Die Flocken tanzten ihr in den Mund. Sie lächelte.

„Man merkt gar nicht, dass dein Vater weg ist. Ich meine, es ist doch das erste Fest ohne ihn."

angasen *nerven (umgangssprachlich)*

Ich gab keine Antwort. Mich gaste endlos an, dass sie schon wieder mit ihm anfing. Dein Vater. Dein Vater. Dein Vater. Warum konnte sie ihn nicht einfach Johannes nennen?

Bei jeder Gelegenheit musste sie einem bewusst machen, dass etwas fehlte. Selbst, wenn sie genau das Gegenteil behauptete. Man merkt gar nicht, dass er weg ist! Zum ersten Mal an diesem Tag war da eine Leere. Der Spielenachmittag war ausgefallen. Der Eierlikörgrog mit der Zimt-Sahnehaube, seine Spezialität. Der gemeinsame Gang in die Kirche, obwohl wir alle nicht gläubig waren wie sonst noch was.

„Hat er dir was zu Weihnachten geschenkt?" Moms Blick scannte mich wie ein Röntgenstrahl. Morgen war ich zum Abendessen eingeladen. Bei ihm und Blondie. Ich hatte es nicht übers Herz gebracht, ihr davon zu erzählen.

„Nein." Das war nicht einmal gelogen. Das angekündigte Geld würde ich erst noch bekommen. Ich machte es ihr nach und streckte das Gesicht in den Himmel. Aber als ich den Mund öffnete, hatte das Schneetreiben auch schon wieder aufgehört.

„Geht es Regi..., geht es deiner Mutter wieder besser?" Mein Vater häufte mir eine Schöpfkelle voll Rotkohl auf den Teller, und Blondie räusperte sich angestrengt. Was erwartete er? Eine ernsthafte Antwort?

„Klar“, murmelte ich und stach mit der Gabel in die Kruste der Gänsehaut. Lecker. Davon konnte ich nicht genug bekommen. „Mom geht es so weit gut. Sie hat einen neuen Freund.“

Mich wunderte, wie leicht mir die Lügen in letzter Zeit über die Lippen kamen. Praktikum im Sonnenhof. Iras Vater, der fast geschiedene Bürohengst. Und der neue Lover von Mom.

Mein Vater hob irritiert seinen Kopf. Ich sah ihm an, dass er mir nicht glaubte. Soweit ich wusste, hatte er noch Kontakt mit Tante Ellen. Sie gab es natürlich nicht zu, aber ich war im Bild.

Blondie schlürfte an ihrem Mineralwasser und ließ ihren Blick neugierig zwischen mir und Vater hin- und herschweifen.

„Hast du ihn gesehen?“

Dad hatte seine Gabel zur Seite gelegt und fixierte mich mit einer Mischung aus Ungläubigkeit und echter Besorgnis.

„Nein. Ich habe ihn nicht gesehen. Nur gehört.“

Schnell schob ich mir ein Stück Kartoffelkloß in den Mund, um nicht laut loszulachen. Meine Eltern hatte ich nie gehört, außer während ihrer Streitereien. Keine verdächtigen Geräusche nachts aus dem Schlafzimmer. Kein unterdrücktes Stöhnen.

Ich ging davon aus, dass ich mit meiner Bemerkung eine wunde Stelle getroffen hatte.

Mein Vater stand wortlos auf und verschwand für einen Moment in der Küche. Er hantierte wild am Spülbecken herum, Besteck klapperte.

„Du darfst nicht so hart mit ihm sein!“, flüsterte Blondie besorgt und griff über den Tisch nach meiner Hand. „Egal, was passiert ist. Er fühlt sich immer noch verantwortlich. Für dich und deine Mutter."

Nach dem Essen setzten wir uns auf die Eckcouch und Vater goss goldenen Cognac in drei Gläser. Im Hintergrund sang sich ein Knabenchor romantische Weihnachtslieder aus der Seele. Ich musste an den unzüchtigen Knabenchor denken und lächelte schief. Ob Alex auch singen konnte? In diesem komischen Internat, in dem er war, gab es das doch bestimmt. Chor und Gesangsgruppen. Ich stellte mir vor, wie seltsam er zwischen all den Typen herausstechen musste.

„Und, wie habt ihr Weihnachten gefeiert?", fragte mein Vater.

Ich schlürfte an dem Cognac und beobachtete Blondie, die das Glas nachdenklich gegen das Licht hielt. Eben beim Essen hatte sie nur Wasser getrunken.

Dad wartete meine Antwort nicht ab, sondern griff mit einer gespielt lässigen Geste in sein Jackett und reichte mir einen Umschlag. Widerwillig nahm ich das Kuvert entgegen und presste ein halblautes Dankeschön heraus. Seit ich Ira kannte, hatte ich eigentlich gar keinen Bock mehr darauf, den Rollerschein zu machen. Irgendwie kam mir das lächerlich vor. Roller war was für Spießer.

„Das Geld reicht als Anzahlung für den Führerschein!" Blondie stellte das Glas ab und schob es meinem Vater hinüber. Sie hatte nicht einen Schluck getrunken.

„Schon vergessen?"

Mein Vater lachte ertappt und fingerte entschuldigend an ihrem Knie herum.

„Mit einem Roller. Da werden dir die Mädchen in Scharen nachlaufen!", sagte er.

Ich verkniff mir einen Kommentar, faltete den Umschlag zusammen und steckte ihn in meine Hosentasche. Dann starrte ich den Weihnachtsbaum an. Eine echte Nordmannstanne mit echten Wachskerzen. Sie stand links neben der Glotze, die auf lautlos geschaltet war. Irgendein Schwarz-Weiß-Film aus irgendeinem namenlosen Flecken der Welt.

„Wo warst du denn so lange?“, fragte meine Mutter, als ich zur Tür reinkam. Warum hatte ich das dumpfe Gefühl, ein Leben voller Verhöre zu führen? Lügen und Verhöre. Hörte sich an wie der Titel eines schlechten Films auf Pay-TV.

„Bei Ira.“

Mir war schlecht. Die fette Gans. Danach die Schokoladenmousse. Mein Vater und Blondie hatten mich gemästet wie ein Schwein.

Ich hängte meine Jacke an die Garderobe und schob die Tür zum Schlafzimmer auf, wo meine Mutter bereits im Bett lag und in einer Frauenzeitschrift blätterte. Sie schaute kurz zu mir, um sich zu vergewissern, dass ich noch aussah wie vor vier Stunden, als ich die Wohnung kommentarlos verlassen hatte.

„Hattest du wenigstens ein Geschenk für Ira?“

Sie war schon wieder in ihr Magazin versunken.

„Einen japanischen Film.“

Um mein schlechtes Gewissen zu erleichtern, fühlte ich mich verpflichtet, ihr die Geschichte haarklein wiederzugeben. Ablenkmanöver. Die DVD hatte ich schließlich wirklich gekauft. Und überreicht hatte ich sie Ira ebenfalls. Wenn auch am letzten Schultag. So verlogen war ich also gar nicht.

„Komische Geschichte!“ Meine Mutter gähnte. „Kommt mir aber bekannt vor. Ein Video über ein Video, das deinen Tod voraussagt? Das ist doch ein amerikanischer Film!“

„Die Amis haben ein Remake gemacht."

„Ach. Und das Original haben die Japaner gemacht?"

„Warum nicht? Außerdem steht Ira auf Japan."

Meine Mutter klappte die Zeitschrift zu. „Ich dachte, aus Japan kämen nur Geschichten über Geishas."

Geisha *in Musik und Tanz ausgebildete Gesellschafterin in Japan*

„Geishas?"

„Na, diese Liebhaberinnen. Oder sind es Edelhuren? Keine Ahnung. Diese Frauen eben mit ihren teuren Kimonos und dem Punkt auf der Stirn."

„Punkte haben Inderinnen!"

Meine Mutter nickte. „Stimmt. Habe ich verwechselt. Aber das mit dem Kimono ist richtig."

Ich zog die Tür hinter mir zu und ging in mein Zimmer.

Die Wohnung war stockdunkel bis auf den geschmacklosen Weihnachtsbaum, der einsam im Wohnzimmer vor sich hin leuchtete. Sicherlich hatte Iras Familie eine mannsgroße Edeltanne. Nicht so ein Verlegenheitsgewächs wie das hier. Nicht so eine grünlich gelbe Plastikkrankheit.

In meinem Zimmer zog ich mich aus und legte mich ins Bett. In ein paar Tagen war Silvester. Dann würde ich endlich Ira wiedersehen. Ira und ihre seltsame Familie. Ihren Vater. Ihre Mutter. Und ihren komischen Bruder Alex, der auch ihre Schwester sein könnte.

Als ich meine Augen aufschlug, stand meine Mutter neben dem Bett. Etwas stimmte nicht, ich wusste nur noch nicht was.

„Das Geld!", sagte meine Mutter und eine Spur Hysterie schwang in ihrer Stimme mit. Sie wedelte mit einem zerknitterten Umschlag vor meinem Gesicht herum und starrte mich böse an.

Mit einem Schlag wurde ich hellwach.

„Was wühlst du in meinen Sachen herum?", fuhr ich sie an. Erschrocken zuckte sie zusammen.

„Ich habe gewaschen!", sagte sie. Ihre Stimme überschlug sich und zitterte leicht. „Entschuldige, dass ich für dich den Idioten spiele."

Mir fiel ein, dass ich die Klamotten tatsächlich einfach vor meine Zimmertür geworfen hatte. Unser familieninternes Signal für „Bitte waschen". Wie im Hotel. Auf einmal schämte ich mich. In Zukunft würde ich mich selber darum kümmern. Wie sollte sie mich jemals für voll nehmen, wenn sie einmal die Woche meine Unterhosen wusch?!

„Das ist mein Geld", sagte ich mit besänftigender Stimme und streckte die Hand aus.

„Das war mir klar", sagte sie wütend. „Mich interessiert eigentlich viel mehr, wo du es herhast."

„Gut. Ich gestehe. Ich habe meinen Körper verkauft."

Der Scherz war abgedroschen. Alt. Damit drohte ich ihr ständig, wenn ich pleite war und mir Geld von ihr borgen wollte. Ich gehe auf den Strich! Ich verkaufe meinen Körper! Bitte, nur eine kleine Finanzspritze!

„Ich sag dir jetzt mal was!" Die Stimme meiner Mutter wurde lauter. Wahrscheinlich ging bereits in dieser Sekunde das Gerücht durch das Haus, mein Vater sei wieder zurückgekommen. Die Familie wieder glücklich schreiend vereint.

Nun stand ich doch auf und schlang die Decke wie eine Toga um mich.

Toga *langes Gewand aus dem alten Rom*

Meine Mutter packte mich an der Schulter und schaute mich böse an. „Von deinem Vater ist das Geld. Von deinem Vater, bei dem du gestern Abend warst."

Sie warf den Umschlag auf das Bett, wo er auf mein Kopfkissen hinunterfiel. „Von wegen Ira. Von wegen. Du bist schon wie Johannes!“ Sie machte auf dem Absatz kehrt und ging aus dem Zimmer. Dann drehte sie sich noch einmal um. „Weißt du. Das macht wirklich Spaß mit dieser Familie. Ständig wird man angelogen und verarscht.“

Verarscht. Aus dem Mund meiner Mutter klang das Wort ziemlich hart. Heftiger, als es eigentlich war.

Sie ging wieder nach draußen, riss ihren Mantel von der Garderobe und warf die Tür hinter sich zu.

Ich blieb mit meiner blöden Decke im Flur stehen. Was für ein zweiter Weihnachtsfeiertag!

„Bei mir ist sie nicht.“ Tante Ellen klang vorwurfsvoll. Ich stellte mir vor, wie sie in ihrer Wohnküche stand und aufgeregt auf den Fußballen auf- und abwippte.

„Du musst wirklich ehrlicher zu ihr sein, Tobi.“

Ich lachte. „Weißt du, dass Blondie schwanger ist?“

Schweigen.

„Siehst du. Du bist auch nicht viel ehrlicher als ich.“

Ich kritzelte mit dem Kuli schwarze Dreiecke auf Seite 15 des Selbsthilfebuchs. „Ich wollte sie nicht verletzen. Sie ist so überempfindlich, was ihn betrifft.“

Ellen hustete trocken in den Hörer. „Noch drei Monate, dann ist das erste Trennungsjahr vorbei. Danach geht es ihr besser.“

Es hörte sich an, als würden wir uns über ein Kind unterhalten, das eine schwere Krankheit auskuriert.

„Ich wünschte, sie hätte jemanden. Einen Freund. Einen Geliebten.“

Mich wunderte, dass Ellen so mit mir sprach. Was ging mich Moms Liebesleben an? Ich war ihr Sohn und wollte von all diesem Kram verschont bleiben.

Ellen seufzte. „Sie wird schon wieder jemanden finden.“

Ich war mir da nicht so sicher.

„Was macht ihr übrigens an Silvester?" Tante Ellens Stimme klang wieder freundlicher. Ich kritzelte mit dem Kuli einen schwarzen Totenschädel aufs Papier. „Ihr". Offenbar hatte ich seit Vaters Auszug seine Stelle eingenommen.

„Ich weiß nicht, was Mom vorhat", sagte ich und verschönerte den Totenkopf mit einem überdimensionalen Cowboyhut. „Ich bin eingeladen. Eine Party. Danach gehe ich noch zu einer Freundin." Ich dachte an Alex und drückte mit meinem Kuli so fest auf, dass die Seite riss.

„Eine Freundin?" Tante Ellen klang amüsiert. „Ich habe dich doch eben erst vor dem Kreißsaal in Empfang genommen!"

Das stimmte. Tante Ellen hatte draußen gewartet, während mein Vater mit Freunden unterwegs war. Er war Stunden nach der Geburt angetrunken im Krankenhaus erschienen. Halb ins Koma gesoffen wegen psychischer Überforderung. Meine Mutter war genäht worden, nachdem der Damm gerissen war.

Damm *Gewebe zwischen der Scheide und dem After einer Frau, das bei der Geburt durch die starke Überdehnung reißen kann*

Die Geschichte hatte ich schon tausendmal gehört. Schon damals hätte sich Mom von dem Typen loseisen müssen.

Als ich keine Antwort gab, lachte Tante Ellen erneut in den Hörer. „Na ja. Das ist der Lauf der Dinge. Kinder werden erwachsen." Es klang ein bisschen rührselig. Wahrscheinlich sah so der Wunschtraum meiner Mutter und Tante Ellens aus: ich, als ewig 6-Jähriger unter dem Tannenbaum. Offensichtlich hatten sie die brennenden Zweige längst vergessen. Und mein Vater besoffen mit seinen Kumpels in der Kneipe, das war sowieso Schnee von gestern.

Gegen zehn Uhr abends ging die Haustür und meine Mutter stand im Flur.

„Wo warst du denn so lange?“

Komisch, dass ich die Frage stellte.

„Bei der Arbeit. Danach im Naturkundemuseum. Bei Burger King. Im Kino“, zählte sie auf. Trotzig. Dann lachte sie und gab mir einen Kuss. Sie roch nach frittierten Pommes. Ich traute mich nicht zu fragen, welchen Film sie sich angesehen hatte. Meine Mutter allein im Fast-Food-Restaurant. Und allein im Kino.

„Entschuldige, wegen heute Morgen. Das ist einfach alles ein bisschen viel. Ist klar, dass du deinen Vater sehen willst.“ Sie hatte sich wieder abreagiert. Zwölf Stunden nach unserem Streit war sie besänftigt.

Ich nahm ihr die Jacke ab und hängte sie ordentlich auf den Bügel.

„Weißt du ...“ Ich hatte keine Ahnung, wie sie reagieren würde. „Weißt du, Papa und seine Neue. Die ist schwanger. Blondie. Er ist einfach so ein Idiot!“

Mom schaute mich mit müden Augen an. Ein bisschen erschöpft, als wäre sie es leid, ständig von einem Tief in das nächste verfrachtet zu werden. Wenig überrascht eigentlich. So, als hätte sie im Grunde schon längst damit gerechnet.

Sie nickte langsam und klopfte mir freundschaftlich auf die Schulter.

„Das ist gut, Tobi.“ Sie ging in die Küche und machte sich ein Spezi auf. „Das ist sehr gut.“

Sie ließ sich auf die Eckbank fallen und trank das pappige Getränk direkt aus der Flasche. Dann setzte sie die Flasche ab und schloss die Augen. Als sie sie wieder öffnete, wirkte sie gelassen. Regelrecht euphorisch.

„Ich bin froh, dass endlich ein Schlussstrich gezogen wird“, murmelte sie und winkte mich zu sich her.

euphorisch *überschwänglich, in besonders guter Stimmung*

„Ich dachte ehrlich gesagt immer noch, er würde eines Tages wieder hier auftauchen. Aber so ...“ Sie sah mich nachdenklich an. „Es ist Zeit, dass ich mein Leben wieder selbst in die Hand nehme. Ein Neuanfang. Was machst du Silvester?“

Die Frage kam so überraschend, dass ich nur ein kümmerliches Stottern zustande brachte. Erwartete sie, dass ich mit ihr die Minuten bis Mitternacht zählte? Dass ich statt Dad mit ihr Fondue machte und Sekt mit Erdbeersirup trank?

Mom strich mir über die Wange. „Es ist nämlich so, dass im Hotel eine große Gala veranstaltet wird. Ein paar Kolleginnen gehen hin, und ich könnte mich anschließen. Aber wenn du nichts vorhast ...“

Ich grinste. „Nein, das ist super. Geh nur. Ich bin unterwegs. Bei Freunden.“

Mom nickte. Dann fiel ihr etwas ein. „Ach, und noch was. Unsere Aushilfe im Kosmetikstudio hat sich im Skiurlaub das Bein gebrochen. Ich habe es erst heute Mittag erfahren. Wenn dir das nicht zu doof ist, könntest du dein Praktikum also bei mir machen.“ Unsicher sah sie mich an. „Natürlich hättest du nicht direkt Kundinnenkontakt. Aber für Hilfsarbeiten könnten wir dringend jemanden brauchen. Tee ausschenken, den Boden wischen und so. Du verstehst schon.“

Tobias Krug als Praktikant in einem Kosmetikstudio. Wenn das die anderen mitbekamen, war ich für alle Zeiten blamiert. Svens Kommentar konnte ich mir lebhaft vorstellen.

Scheiße, warum musste ausgerechnet mir das passieren?

„Klar“, log ich und setzte ein Lächeln auf. „Klar, das ist spitze, dass du was organisieren konntest. Wann ist der erste Arbeitstag?“

„Falls du am Silvesternachmittag ein, zwei Stunden Zeit hast, kannst du mir gleich helfen. Ich muss ein paar der Künstler für die Abendgala herrichten. Ist kein großer Akt, das meiste machen die selber. Aber dann könntest du dich schon mal im Studio umschauen. Von fünf bis sieben. Gib mir einfach Bescheid, ob du das machen willst. Kommt natürlich alles in dein Zeugnis!" Sie tätschelte mir die Wange. „Gibt es noch was im Spätprogramm?"

Ich zuckte mit den Schultern und schlug die Fernsehzeitschrift auf. „Terminator. Der erste Teil."

„Den habe ich seit Urzeiten nicht mehr gesehen. Schwarzenegger in seiner Blütezeit. Schaust du noch mit?"

Ich drückte meiner Mutter einen Kuss auf die Wange. „Klar. Was denkst du denn?"

Silvester

„Vorher Saufen bei mir?"

Ich simste kurz zurück. „Keine Zeit! Treffen uns dann bei Birgit."

Sven hatte ich seit dem letzten Schultag nicht mehr gesehen, weil er mit seinen Eltern zu der Großmutter in die Alpen abgezischt war. Familienurlaub. Das war die erste Nachricht seit seiner Heimkehr. Die Sache mit dem Kosmetikstudio würde ich ihm später verklickern.

Auch mit Ira herrschte Funkstille. Ich hatte zweimal bei ihr zu Hause angerufen, aber jedes Mal aufgelegt, ehe jemand abgehoben hatte. Einmal war ich beim Joggen bis zur Straße gelaufen, in der sie wohnte. An der Kreuzung hatte ich wieder kehrtgemacht und stattdessen eine Runde im Stadtpark gedreht.

Jetzt stand ich vor dem Spiegel und drehte mich einmal um die eigene Achse. Das Hemd und die Cargohose hatte ich mir neu gekauft. Beides Esprit. Von dem Geld, das eigentlich für den Rollerschein gedacht war. In den Klamotten sah ich gar nicht mal so übel aus. Ich war schon gespannt auf die Reaktionen der anderen.

Cargohose *Hose mit aufgesetzten oder eingenähten Seitentaschen am Oberschenkel und/oder Knie*

Noch eine SMS von Sven. „Gut. See you later."

Das Telefon klingelte. Festnetz. Hier herrschte echt Hochbetrieb.

„Hallo?"

„Schatz, ich bin's." Meine Mutter. Sie war schon seit heute Morgen im Studio. „Wann kann ich mit dir rechnen?"

„Ich bin fast fertig. Den Bus in zwanzig Minuten müsste ich schaffen."

„Super. Du kommst dann einfach direkt ins Hotel. Weißt ja, wo das Studio ist. Hast du dich auch ein bisschen schick gemacht? Ich meine, nicht gerade dein Kapuzenshirt oder so. Die Kundschaft ist da ein bisschen eigen."

Kapuzenshirt? Ich verdrehte die Augen.

„Ich habe schon die Klamotten für die Party danach an."

Ich beschrieb ihr mein Outfit und sie wirkte zufrieden.

„Und schalte alle Lichter aus, bevor du gehst. Ich komme ja auch erst heute Nacht nach Hause."

Aye, aye! *Jawohl! (eigentlich: Ausruf unter Seemännern)*

„Aye, aye, Madam."

Mom hatte aufgelegt.

Noch einmal der Spiegel. Klamotten-Check. Ein bisschen sah ich aus wie ein Student. Mathematik? BWL? Vielleicht sogar Jura? Das gefiel mir. Ob ich Ira damit beeindrucken konnte?

Ein fruchtiger Geruch schlug mir entgegen, als ich die Glastür zum Kosmetikstudio aufschob. Die Hotellobby war fast leer gewesen. Die meisten Gäste richteten sich auf ihren Zimmern für die Silvestergala her. Ich unterdrückte ein Gähnen.

Sekretär *hier: verschließbarer Schreibtisch*

Am Kirschholzsekretär stand meine Mutter über ihre Bücher gebeugt und blickte erst auf, als ich direkt vor ihr stand.

Sie trug einen weißen Kittel über ihren Klamotten. Außerdem ein Namensschild mit dem Logo ihres Salons. Einen kurzen Moment lang wünschte ich mir, Mom wäre Ärztin. Frau Professor Doktor Regina Krug, internationale Herzspezialistin. Dann hätte sie es gar nicht nötig, so einem Typen wie meinem Vater hinterherzuweinen oder sich an diesem öden Ort die Beine in den Bauch zu stehen.

„Ist was?" Mom riss mich aus meinen Gedanken.

„Quatsch. Nur der Kittel. Du siehst auf einmal so wichtig aus. Seriös!"

Lachen. „Bin ich das nicht? Wichtig?"

Sie reichte mir einen anderen weißen Kittel, in den ich mit gemischten Gefühlen schlüpfte. Das Namensschild der eigentlichen Besitzerin war noch angebracht. „Conny". Wahrscheinlich sah ich ziemlich lächerlich darin aus.

„Schick!" Mom klatschte in die Hände.

Prima. Mein tolles Outfit verschwand hinter dem Conny-Kittel. Aus dem BWL-Studenten war eine Lachnummer geworden.

Neugierig ließ ich meinen Blick über die Einrichtung schweifen. In der Mitte des Raums stand eine Gruppe gemütlicher Wartesessel mit weißem Lederbezug. Auf einem Glastisch lagen teure Frauenzeitschriften. Ein Zimmerspringbrunnen plätscherte vor sich hin und verbreitete einen zitronigen Duft. Aus zwei Boxen an der Wand quälten sich seltsame Tonfrequenzen, dazwischen Meeresrauschen. „Gezeitenmusik", erklärte meine Mutter, als sie meinen fragenden Gesichtsausdruck sah. Sie tat, als hätte ich den Trend des Jahrhunderts verschlafen. „Das beruhigt ungemein", sagte sie und wippte im Takt der Melodie.

„Und jetzt?" Unschlüssig vergrub ich meine Hände in den breiten Taschen des Kittels.

Mom legte ihren Stift beiseite und blickte auf ihre Armbanduhr. „Für reguläre Kundschaft ist seit drei Uhr geschlossen. In einer Viertelstunde kommen die Künstler, da kannst du dann meiner Kollegin Dirka zur Seite stehen. Sie müsste jeden Moment eintreffen."

Aha, Dirka. Moms Kolleginnen waren mir ehrlich gesagt immer ziemlich egal gewesen. Die Praktikumsbestätigung war es, die ich wollte. Eigentlich war ich ganz froh, dass Mom mich heute mitgenommen hatte. Als Maskenbildner quasi. Das war nicht ganz so schlimm. Hörte sich anders an als Kosmetikerin. Gab es überhaupt eine männliche Bezeichnung dafür?

quasi *gewissermaßen, sozusagen*

Seufzend ging ich zur Sitzgruppe hinüber und ließ mich in einen der Ledersessel fallen. Gähnend vergrub ich mich in eine Frauenzeitschrift. „Der perfekte Body in zehn Tagen", „Fit durch den Winter!", „Silvestermenü für ihn". Die Überschriften der einzelnen Reportagen verschwammen vor meinen Augen. „Sex mit dem Ex!" Den Artikel fand ich schon interessanter. Sofort war ich wieder voll da. Wenke, Carolin und Samantha erzählten von tabulosem Sex mit ihren Expartnern. Ich hatte gar nicht gewusst, dass Frauenmagazine so aufschlussreich sein konnten!

Jemand über mir räusperte sich.

„Ach. Unser neuer Praktikant. Wie ich sehe, schon perfekt eingearbeitet!" Eine junge Frau stand über mir und schaute amüsiert auf mich herab.

Erschrocken klappte ich das Magazin zu und legte es hastig auf den Glastisch zurück. Eilig stand ich auf und reichte ihr die Hand.

Sie grinste.

„Ich bin Dirka. Wenn du mit mir nicht auskommst, wird das eine ganz schön harte Zeit für dich werden!"

Das sollte witzig klingen, trotzdem merkte ich, wie ich plötzlich unsicher wurde. Den ersten Eindruck hatte ich auf jeden Fall mal wieder gründlich versiebt.

Hilflos blickte ich zum Tresen, aber Mom war in einem der angrenzenden Behandlungszimmer verschwunden.

„Kannst ganz gelassen bleiben. Ich habe auch erst vor einem Monat hier angefangen, bin extra wegen dem Job hergezogen. Ist halb so schlimm!"

Ich nickte. Noch eine neue Frau in der Stadt. Aus Hamburg? Sie hörte sich irgendwie danach an. Offensichtlich zog ich sie magisch an. Fremde Frauen und seltsame Typen.

Dirka war jung. Vermutlich gerade mal vier, fünf Jahre

älter als ich. Ihre Lippen irritierten mich. Permanent-Make-up. Der ganze Mund sah aus wie gemalt.

„Ihr zwei habt euch also schon bekannt gemacht?“ Mit einem Mal stand Mom wieder neben uns. Sie drückte ihrer Kollegin einen Plan in die Hand. „Die Jazz-Sängerinnen kommen zuerst. Übernimmst du die?“ Dirka nickte. „Klar. Du übernimmst Olafs Make-up?“

Olafs Make-up? Das klang ziemlich daneben. Ob ich in zwei Wochen auch so sprechen würde? Etwas verloren stand ich zwischen den beiden Frauen.

„Und ich?“

Meine Mutter überlegte. „Koch du doch erst einmal eine Kanne Kaffee. Dirka zeigt dir, wie die Maschine funktioniert.“

„Doch. Ich schwöre!“ Ich versuchte, meiner Stimme einen entrüsteten Tonfall zu verpassen. Den nötigen Ernst.

Sven nahm einen großzügigen Schluck von seinem Bier und schüttelte den Kopf. „Tuntenalarm!“, wiederholte er. „Pass auf, dass du nicht selber bald eine Schwester wirst!“

Ich verdrehte die Augen. „Hörst du mir überhaupt nicht zu? Der Typ war ver-hei-ra-tet. Ich habe seine Ehefrau kennengelernt. Sie heißt Tina und ...“

„Lass mich raten. Tina ist eigentlich auch ein Mann? Hast du ihr unter die Perücke geschaut?“ Sven grinste. „He, Alter. Deine Mutter ist die volle Schwulenbraut. Pass auf, dass sie dich nicht verkuppelt.“

Ich nahm mein Cocktailglas, stellte es dann aber wieder auf den Beistelltisch, an den wir uns gesetzt hatten. Komisch, dass mir in letzter Zeit dauernd solche Geschichten passierten. Erst Alex ..., ich schüttelte den Kopf. Nein, die-

Tunte *Schimpfwort für: Homosexueller*

eine Schwester werden *hier: homosexuell werden*

ser Olaf war eine völlig andere Nummer gewesen. Mom hatte eine komplette Stunde gebraucht, um ihn herzurichten. Perücke, Make-up, ein maßgeschneidertes Kostüm. Offenbar war er der Stargast der Abendgala. Dirka hatte mir erzählt, dass er jede Menge Geld damit verdiente, sich in Frauenverkleidung auf die Bühne zu stellen.

Travestiekünstler *Künstler, der in einer Bühnenrolle eine Person des anderen Geschlechts darstellt*

„Also. Noch einmal. Der Typ war Künstler. Travestiekünstler. Er bekommt Geld, weil er sich als Frau verkleidet und ..." Sven unterbrach schon wieder. „Vielleicht lässt er sich auch in den Klamotten ficken?"

Ich seufzte hoffnungslos. „Gibt es noch ein anderes Thema, das Zugang zu deinem Kleinhirn hat?"

Sven prostete einem Mädchen aus der Parallelklasse zu, die in Lackstiefeln an uns vorbeistolzierte. Sie war so dünn, dass es krank aussah. Bulimie? Anorexie? Ich brachte die beiden Begriffe immer durcheinander.

„Sorry, aber das liegt doch auf der Hand." Sven war voll in seinem Element. „Der Typ fährt total darauf ab, sich als Frau auszugeben. Keine Ahnung, warum. Er kann einfach nicht anders, als seinen Arsch in Frauenhöschen zu quetschen. Wer weiß, was für Termine er nach der Show noch hat." Svens Sätze waren undeutlich. Mit zunehmendem Alkoholpegel redete er immer unverständlicher. „He, Mann. Stell dir vor. Du gehst mit so einer Tante mit und plötzlich hast du ihren Schwanz in der Hand."

Ich schüttelte den Kopf. „Der Kerl ist kein Homo. Er hat eine Frau. Eine echte Frau. Und Kinder. Zwei Töchter, verstehst du. Ich habe sie mit eigenen Augen gesehen."

Sven rülpste und kratzte sich demonstrativ am Schritt.

„Abartig. Wer heutzutage alles Kinder in die Welt setzen darf!" Mit wässrigen Augen stierte er der Dünnen nach, die zum zweiten Mal an uns vorbeistiefelte. Kerstin? Kristina? Mir fiel ihr blöder Name nicht mehr ein.

„Heute Nacht …“ Er brabbelte etwas in seinen nicht vorhandenen Bart. „Ich schwör dir, Tobi. Heute Nacht …“

Ich war nicht sonderlich erpicht darauf, Svens utopische Pläne für die Nacht zu erfahren. Vom anderen Ende des Raums kam Marc auf uns zugesteuert.

utopisch *hier: wirklichkeitsfremd*

„Scheiße, der Sponk ist auch da!“ Ich stieß Sven mit dem Ellenbogen in die Seite.

„Passt doch!“ Sven rülpste erneut und leerte seine Flasche in einem Zug. „Ist doch prima. Die Klassenclique vereint. Sven-the-Sexmachine, Marc der Sponk und Toblerone, die Supertrine.“ Sven lachte und fummelte mir am Knie herum. „Du könntest mit Marc eine Freak-Show gründen!“

Toblerone *hier: Spitzname von Tobias*

Ich nahm wortlos mein Cocktailglas und ging in Richtung Keller, wo das Schwimmbad wartete.

Unschlüssig stand ich vor dem Haus von Iras Familie und zeichnete mit der Schuhspitze Muster in den Schnee. Ich hatte definitiv zu viel getrunken auf Birgits Party. Zwei Cocktails. Eine Wodka-Bowle. Irgendeinen bitteren Schnaps. Wenigstens war ich nicht wie all die anderen Idioten mit Klamotten in den Pool gesprungen. Vollkommen nass hier anzutanzen, das hätte ich nicht gebracht.

Sven war bei meinem Abschied schon so blau gewesen, dass er kaum registrierte, was ich gesagt hatte. Ich war froh, dass wenigstens Marc da war, der sich ein bisschen um ihn kümmerte. Seinen Schlafsack hatte ich in das Arbeitszimmer von Birgits Vater verfrachtet und Marc Bescheid gegeben. Mit der heißen Nacht würde es wohl wieder nichts werden.

Fast alle Fenster waren hell erleuchtet und laute Musik drang durch die geschlossene Tür. Neben dem Eingang stand ein alter Holzschlitten, auf dem ein riesiger Mistelstrauch lag. Auf den Treppenstufen standen dunkelgrüne Glaslaternen mit brennenden Wachskerzen. Geschmackvolle Weihnachtsdeko. Nicht so kitschig wie all der Plastikmüll in den anderen Vorgärten. Wenn Ira unseren künstlichen Christbaum sehen würde, würde sie wahrscheinlich nie wieder etwas mit mir zu tun haben wollen.

Aus einem Impuls heraus überlegte ich wieder umzukehren.

Mit einem Ruck wurde links, ein paar Meter neben mir, die Terrassentür aufgerissen, und eine Person trat ins Freie. Ich lief hastig drei Schritte nach rechts unter die Birke neben der Einfahrt und beobachtete, wie die schemenhafte Gestalt ihre Zigarette auf den Fliesen austrat. Ira? Ich konnte aus der Entfernung nicht erkennen, wer es war. Die Terrassentür wurde wieder geschlossen. Lachen ertönte.

Schließlich gab ich mir einen Ruck und drückte auf die Klingel. Warum bekam ich schon wieder Herzrasen? Schließlich war ich schon einmal hier gewesen!

penetrant *aufdringlich*

Nichts geschah. Ich läutete noch einmal. Penetranter.

Schritte im Flur. Iras Vater öffnete. „Tobias!" Er klopfte mir freundschaftlich auf die Schulter. Offenbar war ich nach nur einem Besuch bereits adoptiert worden. Mich freute die Geste. Nächstes Mal würde ich ein Gastgeschenk mitbringen.

Iras Vater lockerte seinen Krawattenknoten und wischte sich über die feuchte Stirn. Dann schob er mich mit einer einladenden Handbewegung in den Flur und nahm mir die Jacke ab.

„Die Kinder sind oben." Kinder? Er zwinkerte mir zu und grinste über seinen eigenen, faden Witz. „Die eigentliche Party findet natürlich im Erdgeschoss statt." Er lallte. „Lauter alte Jahrgänge. Spitzenjahrgänge. Oldies sind schließlich in, nicht wahr, Tobias?“ Er lachte schallend und ich zog höflich die Mundwinkel nach oben.

Aus dem Esszimmer drang Stimmengewirr. Kollegen? Freunde? Oldies. Was meine Mutter wohl gerade machte?

Ich zog meine Schuhe aus und ging in Strümpfen die Treppe hoch in Richtung Dachboden. In dem kleinen Flur zwischen den einzelnen geschlossenen Türen blieb ich stehen. Kein Laut war zu hören. Ich erinnerte mich an Iras Demonstration absoluter Stille. Wie sie auf dem Bett herumgehüpft war. Total schalldicht! Wenn sie da drinnen nicht tot auf dem Teppich lag, hatte sie wirklich recht.

Unschlüssig starrte ich auf den Türknauf. Vielleicht erwartete mich Ira schon? Der Tisch, der Flokati, das Bett ...

Eine plötzliche Sehnsucht überkam mich und ich griff nach der Klinke. Dann zog ich die Hand wieder zurück, als hätte ich mich verbrannt, und klopfte schüchtern.

Im gleichen Moment bereute ich es auch schon. Doof. Ich kam mir vor wie bei einem offiziellen Gesprächstermin. Immer noch Stille. Ich schob die Tür vorsichtig auf und trat in die Dunkelheit hinein. Einen Moment brauchte ich, bis sich meine Augen daran gewöhnt hatten. Verwirrt blieb ich stehen.

Ein eigenartiger Duft stieg mir in die Nase. Irgendein ziemlich starkes Räucherstäbchen.

Ein Kichern. In der Mitte des Raums flammte ein Feuerzeug auf. Eine Kerze wurde angezündet. Ira stand auf.

Jetzt konnte ich auch erkennen, dass sie nicht alleine war. Auf dem Boden saßen drei Leute, die ich noch nie gesehen hatte. Zwei Mädchen und ein Junge. Irritiert blieb mein Blick an den beiden Mädchen haften, die im Schneidersitz dahockten und an einer ziemlich großen Zigarette drehten. Sie machten das mit einer solchen Konzentration, als würden sie Sprengstoff entschärfen. War ich schon vollkommen blau oder sahen sich die zwei wirklich zum Verwechseln ähnlich?

Ira kam auf mich zu. „Was ist? Willst du Wurzeln schlagen? Mach die Tür zu. Einer der Freunde meines Vaters ist bei der Drogenfahndung.“ Sie lachte und drückte mir einen Kuss auf die Wange, und ich starrte verlegen auf den Teppich.

„Das ist Tobi!“, verkündete sie in die Runde und griff nach der überdimensionalen Zigarette, die ihr eines der beiden Mädchen reichte. Sie nahm einen auffällig langen Zug, und ich kapierte endlich, dass es Cannabis war.

Cannabis *Rauschmittel, Haschisch*

Rastas *Rastazopf*

Ira lächelte mich geheimnisvoll an und gab den Glimmstängel an den Typen weiter. Er hatte hellbraune Rastas, die ihm lang und verfilzt über den Rücken hingen. Dazu trug er eine schräge Kombination an Klamotten. Braune Cordhosen mit aufgenähten Flicken und ein grellgelbes Fahrradtrikot. Plötzlich fühlte ich mich in meinem Outfit unwohl. Völlig daneben. Overdressed. Esprit war was für Langweiler.

„Tobi, das sind meine beiden Kusinen Jasmin und Britta.“

Eine der beiden, ich wusste nicht, ob es Jasmin oder Britta war, streckte mir die Hand entgegen.

„Sie sind schon sehr gespannt, dich kennenzulernen!“

Das andere Mädchen grinste breit, und ich sah, dass sie eine silberne Zahnspange trug. So ähnlich, wie ich anfangs gedacht hatte, waren sie sich doch nicht. Die eine war wesentlich jünger als die andere. Beide hatten blonde Haare, aber unterschiedliche Frisuren.

„Und das ...“, Ira nahm dem Rastatypen den Joint aus der Hand und reichte ihn an ihre Zahnspangenkusine weiter, „das ist Felipe, mein Exfreund.“

Felipe reagierte nicht, sondern starrte mit glasigen Augen in die Flamme der roten Kerze, die zwischen der Gruppe aufgestellt war und langsam vor sich hin tropfte. Auf dem Teppich war schon ein riesiger Wachsfleck entstanden. Morgen, in nüchternem Zustand, würde Ira sich wohl ziemlich darüber ärgern.

Ich warf einen Blick auf Felipe und bereute, nicht bei Birgit geblieben zu sein. Exfreund? Ich fragte mich ernsthaft, was der Kerl hier wollte.

Felipe rückte teilnahmslos zur Seite, um mir neben sich Platz zu machen. Ich saß eingequetscht zwischen ihm und einem der Mädchen. Der Joint kreiste, und verunsichert nahm ich den fast fertig gerauchten Stummel in die Hand. Ich hatte noch nie etwas in der Art gemacht. Gekifft. Das war in meiner Clique nie Thema gewesen. Da hielt man sich an den guten alten Alk. Mit 14 hatte ich auf einer Jugendfreizeit meinen ersten Rausch gehabt.

Alk
Abkürzung für: Alkohol

„Lass es nicht komplett abbrennen!" Das Mädchen neben mir sah mich herausfordernd an. Sie trug ein knappes T-Shirt und an ihrem Bauchnabel glitzerte ein silbernes Piercing. Ein Ausrufezeichen. Der Punkt wurde von einem rosaroten Stein eingekreist.

„Du musst ziehen. Sonst hast du von dem ganzen guten Gras nichts mehr."

Gras
hier: Haschisch

Ich sog den Rauch tief ein und schluckte hastig. Für einen Moment hatte ich ein unangenehmes Gefühl in der Lunge. Stechend mit einem scharfen Nachgeschmack. Ich hustete trocken und rang nach Luft.

„Felipe baut das Zeug selber an!" Ira war eng an den Typen herangerückt und kraulte seinen Nacken. „Er ist Gärtner, verstehst du? Ein ganz besonderer Gärtner. Und Jasmin ist Vegetarierin."

Jasmin, die mir gegenübersaß, kicherte und ihr schossen Tränen in die Augen. „Vegetarierin? Zum Glück hat Felipe einen grünen Daumen!"

Ich fand den Witz total scheiße. Ich fand Felipe scheiße. Offensichtlich war er stumm oder hatte beschlossen, bis Neujahr konsequent nicht mehr zu sprechen. Wahrscheinlich kam sowieso nur Schwachsinn aus seinem Mund. Felipe. Mein neues Hassobjekt.

Im Hintergrund lief wieder irgendeine Scheibe, die ich noch nie in meinem Leben gehört hatte. Russischer Punk? Ich fragte mich, woher Ira ihre CDs bekam.

„Noch Nachschlag?" Ira kramte eine kleine Silberdose hervor und reichte sie Felipe, der mit ausdruckslosem Gesicht eine neue Tüte drehte. Vielleicht hatte er es geschafft, sich mit weichen Drogen das Gehirn wegzurauchen. Seine monotonen Reaktionen waren auf jeden Fall beängstigend.

eine Tüte drehen *einen Joint drehen (umgangssprachlich)*

Britta stierte mich mit unverhohlener Neugierde an. „Ira sagte, du wärst süß!"

Jasmin kicherte erneut und schubste ihre Schwester mit gespielter Empörung an. „Du machst ihn verlegen. Er ist doch noch so jung!"

Ich bezweifelte, dass Jasmin oder Britta wesentlich älter waren als ich. Jetzt auf jeden Fall benahmen sie sich ausgesprochen kindisch.

Der neue Joint machte die Runde, und ich schaffte es, einen einigermaßen passablen Zug hinzubekommen. Dann registrierte ich, was Jasmin eben gesagt hatte. Süß! Süß? Das war meilenweit entfernt von allem, was ich in Iras Augen sein wollte. Frustriert zog ich noch einmal und hatte tatsächlich das Gefühl, etwas zu spüren. Ein leichtes Kribbeln im Kopf. Keine Ahnung. Ich wusste nicht, wie es sich anfühlte, wenn man high war.

„Wo ist Alex?“ Ich verstand nicht, warum ich diese Frage gestellt hatte. Sie war von selbst aus meinem Mund gekommen. Ohne dass ich wirklich daran beteiligt war.

Ira warf mir einen seltsamen Blick zu. Britta schnappte sich den Joint und zog daran. Der Rauch tänzelte durch ihre Nasenlöcher. Es sah aus, als würde sie von innen heraus brennen.

„In seinem Zimmer? Unten? Keine Ahnung.“

Ich nahm Britta verlegen die Zigarette ab und drehte sie zwischen meinen Fingern.

„Wieso ist er nicht hier bei euch?“

Ira kaute auf ihrer Unterlippe herum. „Er hat keinen Bock. So einfach ist das.“ Sie wirkte eingeschnappt. Beleidigt. Wahrscheinlich war sie schon vollkommen benebelt. Jenseits von gut und böse.

Jasmin polierte mit ihrer Zunge das Gestell ihrer Zahnspange. Sie bleckte die Zähne wie ein Pferd und ließ ihre Zunge in kreisenden Bewegungen darüberfahren. Fasziniert beobachtete ich sie. Als hätte sie jahrelang geübt. Eigentlich fand ich es eklig.

„Findest du nicht auch, dass Alex seltsam ist?“ Jasmins Stimme klang komisch. Ein bisschen ausgeleiert. Als würde sie mit halber Geschwindigkeit sprechen.

Ira lehnte sich an Felipes Schulter. „Was ihr immer habt! Er ist eben ein bisschen ...“

„Schwul!“ Jasmin kicherte und rollte sich auf dem Boden in Embryonalstellung zusammen. „Unsere Eltern sagen, dass er schwul ist.“ Sie prustete los, und Ira fiel zögernd in das ausgelassene Gelächter mit ein. Dann fing sie sich wieder und schüttelte den Kopf. „Wie kommt ihr denn auf so einen Schwachsinn?“

Embryonalstellung *auf der Seite mit bis an die Brust gezogenen Beinen liegend (wie ein Embryo im Mutterleib)*

„Na ja. Er sieht doch aus wie ein Mädchen!“ Britta, die links neben mir saß, rückte enger an mich heran.

Noch einen Zentimeter, und ich könnte sie wegen sexueller Belästigung verklagen.

„Trägt er manchmal heimlich Frauenklamotten?" Brittas Frage ging in allgemeinem Gelächter unter. Sie lehnte ihren Kopf an meine Seite, und ich nahm hastig einen Zug aus dem kreisenden Joint.

„Seit wann tragen Schwule Frauenklamotten? Seid ihr bescheuert? Sie sind schwul, weil sie mit all diesem Weiberkram nichts anfangen können!" Ira warf ihre langen, künstlichen Haare in den Nacken und verkreuzte die Arme vor der Brust. „Alex und schwul. Ihr seid wirklich gaga!"

Stille.

„Ich hatte heute ein kosmi... kometisch... komisches Erlebnis!" Ich merkte, wie meine Stimme auch langsam einen ungewöhnlichen Klang annahm. Mir fiel es schwer, deutlich zu sprechen. Die Worte verhedderten sich. Kauderwelsch.

Jasmin schien auf dem Fußboden eingeschlafen zu sein. Ira kraulte durch Felipes Haar.

„Also. Ich war heute im Kosmetikstudio meiner Mutter ..." Britta prustete laut los, als wäre diese Feststellung allein schon zum Schreien komisch. Ich musste auch lachen.

„Ich war da. Und da kam so ein Typ. Er sah ganz normal aus. Ein Künstler. Olaf. Hatte auch eine Frau und zwei Kinder. Und wisst ihr, was der Hammer ist?"

Ira warf mir einen schläfrigen Blick zu. „Er war Gärtner?"

Jasmin auf dem Boden schrak aus ihrem Schlaf hoch und brach in hysterisches Kichern aus.

Britta hatte einen Arm um meine Hüfte geschlungen und spielte mit ihren Fingern an meinem Gürtel herum.

„Nee! Der Typ also. Ganz normal. Verheiratet und all den Kram, arbeitet als Travestiekünstler."

Ira gähnte. „Echt?“ Es klang wenig beeindruckt.

„Meine Mutter hat ihn geschminkt. Dann kam die Perücke drauf und seine Frau hat ihm schließlich in das Paillettenkleid geholfen. Maßgeschneidert. Für einen Zwei-Meter-Kerl.“

Paillettenkleid *Kleid mit vielen glitzernden Metallplättchen*

Britta wurde erneut von einem Lachanfall geschüttelt.

„Dann sind er und seine Frau ... also dann sind die beiden genau genommen zwei Lesben! Iiiih!“ Das Ausrufezeichen in ihrem Bauchnabel bebte.

Lesbe *Bezeichnung für eine homosexuelle Frau*

Jasmin richtete sich vom Boden auf und streckte erwartungsvoll ihre Hand in die Höhe. Offensichtlich hatte sie noch nicht genug geraucht. Ira reichte ihr den Joint.

„Ihr seid so intolerant!“ Iras Stimme klang gequetscht. Wie aus einer Blechbüchse. „Nur weil die zwei Lesben sind ... Stellt euch diese psychische Belastung vor. Einen Ehemann, der lesbisch ist!“

Ich nahm einen letzten tiefen Zug und ließ den Rauch langsam in meine Lungen sacken. „Auf jeden Fall sah der Typ am Ende aus wie eine Frau. Ich musste sofort an Alex denken!“

Die drei Mädchen prusteten laut los.

„Was soll das heißen? Meinst du, Alex ist der geborene Travestiekünstler?“

Ich merkte, wie ich langsam müde wurde. „Hm. Warum nicht? Vielleicht würde ihm das Spaß machen!“

„Oder er ist doch ein Schwuli.“ Jasmin rollte sich wieder schläfrig auf dem Boden ein und schloss die Augen. Ihre Bluse war hochgerutscht und man konnte ihren BH sehen. Rote Körbchen mit einem weißen Schriftzug unter der linken Brust. Sie riss die Augen wieder auf, und ertappt starrte ich auf die Kerze, die langsam zu Ende brannte. „Geh doch mal rüber zu Alex und frag ihn, ob er ein warmer Bruder oder ein heimlicher Travestiestar ist!“, sagte Jasmin zu mir.

warmer Bruder *abwertende Bezeichnung für einen homosexuellen Mann*

Wieder Gelächter.

Dann Stille und nur die Musik.

Felipe beugte sich zu Ira hinüber, und die beiden fingen an herumzuknutschen. Soweit ich das beurteilen konnte, gaben sie sich einen Zungenkuss. Intensiver Speichelaustausch. Ich war froh, dass ich so benebelt war. Den Nervenzusammenbruch würde ich dann in nüchternem Zustand bekommen.

Ich starrte auf die beiden Köpfe und war unfähig, meinen Blick abzuwenden. Meine Ira mit diesem Tier! The animal. Kein Wunder, dass ihr Vater mich so herzlich begrüßt hatte.

psychedelische Klänge *Klänge, die einen schlafähnlichen Gemütszustand hervorrufen*

Die CD war aus, und der Wechsler legte eine neue Scheibe ein. Psychedelische Klänge erfüllten den Raum. Dazwischen Gesangsfetzen. Wenn meine Mom mich sehen könnte! Oder Sven!

Ira und Felipe glitten in ihrer Umarmung zu Boden. Sie hatten netterweise aufgehört mit der Knutscherei und lauschten nun mit geschlossenen Augen der Musik. Felipes rechte Hand lag an der Stelle, wo ich Iras Brust vermutete. Vielleicht waren sie eingeschlafen.

„Wollen wir uns auch hinlegen?" Britta zupfte an meinem Hemd herum und schaute mich erwartungsvoll an. Ohne eine Antwort abzuwarten, zog sie mich auf den Boden, und wir lagen eine Zeit lang reglos nebeneinander.

„Wie viel Uhr ist es?", fragte ich. Immerhin war Silvester. Außerdem hatte ich keinen Bock, einen Meter neben Ira mit ihrer Kusine herumzumachen.

„Was willst du denn mit der Uhrzeit!" Britta klang gereizt. Es war wohl fest eingeplant, dass ich mich hemmungslos über sie hermachte. „Wenn du willst, können wir ein bisschen kuscheln." Sie hatte sich so eng an mich geschmiegt, dass ich keine Luft bekam. Ein billiger, chemisch-süßlicher Geruch ging von ihr aus. Irgendein Deospray. Dagegen war ich echt allergisch. Hilflos fasste ich mit der linken Hand unter ihr T-Shirt und streichelte über ihren BH. Es fühlte sich komisch an. Push-up? Die reinste Mogelpackung.

Push-up
BH mit Polsterungen

Ich ließ meine Fingerspitzen daruntergleiten und merkte, wie die Brustwarzen sich unter der Berührung aufstellten. Ira nebenan seufzte.

„Ich muss aufs Klo." Hastig befreite ich mich aus Brittas Umklammerung und stand auf.

„Idiot!" Britta funkelte mich böse an. „Morgen wirst du es bereuen." Es klang ein wenig hilflos. Wie eine Bitte, die sich als Vorwurf verkleidet hatte.

An der Tür drehte ich mich noch einmal um. Jasmin war in ihrer seltsam gekrümmten Stellung eingeschlafen. Ira und Felipe lagen in enger Umarmung da und regten sich nicht. Und Britta zupfte das T-Shirt wieder zurecht, das ich ihr in meiner Verzweiflung fast bis zum Hals geschoben hatte.

Draußen im Flur merkte ich, dass die Musik unten im Haus noch einmal hochgedreht worden war. Ich schwankte. Rechts war das Zimmer von freaky Alex. Links das kleine Badezimmer. Benommen ließ ich mich auf den Wannenrand plumpsen und saß im Finsteren. Das kleine Fenster war nur angelehnt.

„Fünf, vier, drei, zwei, eins, prost Neujahr!" Draußen im Garten brachen die Gäste in ekstatische Freudenschreie aus. Der Himmel färbte sich rot und blau, und das Knallen der Feuerwerkskörper dröhnte durch die Nacht.

Na prima. So hatte ich mir den Start ins neue Jahr nicht vorgestellt. Eigentlich wollte ich Ira um Mitternacht küssen. Jetzt saß ich der Kloschüssel gegenüber und merkte, wie mein Kopf langsam schwer wurde. Das Feuerwerk fand ohne mich statt.

Auf einmal wollte ich nur noch heim ins Bett. Schlafen bis spät in den Mittag hinein. Britta mit dem billigen Deo und dem hässlichen Piercing würde ich hoffentlich nie wieder sehen.

Leise öffnete ich die Badtür und stand unschlüssig im Flur. Wenigstens konnte mich keiner zwingen, wieder in dieses Zimmer zurückzukehren. Ira konnte mir mitsamt ihrem ungewaschenen Felipe gestohlen bleiben. Sollte sie mit ihm alt und grau werden und bekifft bleiben bis an ihr Lebensende. Sollte sie an seinen verfilzten Haaren ersticken! Und ihre bescheuerten Kusinen ebenfalls! Der Moment, als ich Britta unter das Hemd gefasst hatte, war geil gewesen. Aber es war einfach die falsche Frau. Und der falsche Augenblick. Ich starrte auf Alex' Tür.

Als sie aufging, zuckte ich erschrocken zusammen.

Schweigend standen wir uns gegenüber.

„Schönes Outfit." Alex lächelte und deutete auf mein teures Hemd. Endlich hatte es jemand bemerkt. Aber ich war zu benebelt, um mich ernsthaft darüber zu freuen.

Ich musterte ihn und schluckte. Er trug ein einfaches schwarzes Sweatshirt und blaue Jeans dazu. Die Haare hatte er wieder nach hinten gebunden. Keine Perücke. Kein Kleid. Ich verstand nicht, was es also war.

„Schönes neues Jahr", sagte Alex. „Ist das Bad jetzt frei?"

Ich ging zur Seite, versperrte ihm dann aber den Weg, als er sich an mir vorbeiquetschen wollte. Ohne zu wissen, was ich tat, fasste ich nach seiner Hand.

„Kann man sich mit jemandem wie dir auch normal unterhalten?" Ich merkte, dass ich die Kontrolle darüber verloren hatte, was ich sagte.

Alex zog die Augenbrauen hoch. „Du bist betrunken!"

„Bekifft!“, protestierte ich und lachte.

„Ich habe eben an den Titten deiner Kusine herumgespielt.“ Titten. Gleich verwandelte ich mich in Sven. Was der wohl gerade machte?

Alex nickte. „Na, dann bist du jetzt der Held des Abends.“ Er befreite sich aus meinem groben Griff und blickte mich belustigt an. „Man soll jede Gelegenheit nutzen. Ist das nicht das Lebensmotto von euch Spätzündern?“

Ich schluckte. Alex stand nur wenige Zentimeter von mir entfernt. Sein Parfüm kitzelte in meiner Nase. Eine Mischung aus Vanille und Jasmin. Irgendwie passte der Duft.

„Warum trägst du ein Frauenparfüm?“ Die Frage brach voller Verachtung aus mir heraus. Ich biss mir auf die Lippen. Was konnte ich dafür, wenn der Kerl nicht richtig im Kopf war?

„Warum stehst du hier rum, während da drinnen meine begattungswillige Kusine auf dich wartet? Darf ich jetzt endlich ins Bad?“ Alex löste sich aus meinem Griff und tat einen Schritt nach vorne.

Erneut packte ich seine Hand und schämte mich im gleichen Moment, dass ich so aufdringlich war. Morgen würde ich mir wünschen, nie zu Ira gegangen zu sein.

„Eines noch ...“

Seine Hände waren weich. Cellistinnenhände.

„Ich bin dir wirklich auf den Leim gegangen.“

„Auf den Leim gegangen?“ Alex sah mich irritiert an, und ich schüttelte den Kopf. Egal, was er machte. Er sah einfach aus wie ein ...

„Ich habe dich wirklich für ein Mädchen gehalten. An dem Tag, als wir uns das erste Mal gesehen haben.“

Er zuckte unbeeindruckt mit den Schultern. „Ich habe dich nicht dazu gezwungen.“ Endlich hatte er sich befreit und schob die Badezimmertür auf.

„Verstehst du." Meine Stimme klang verzweifelt. Totally pissed off. „Ich habe dich für ein Mädchen gehalten. Und dieses Bild werde ich jetzt nicht mehr los!"

Alex fasste hinter seinen Kopf, öffnete sein Haar und band es erneut zu einem festen Pferdeschwanz.

„Das ist interessant, Tobias. Ich verstehe nur nicht, was du mir damit sagen willst."

Was? Was? Was wollte ich eigentlich von ihm?

Er zog die Tür hinter sich zu und ich blieb reglos im Flur stehen. Das Feuerwerk draußen wurde weniger. Der Lärm ebbte ab. Die ersten Gäste kamen ins Haus zurück. Ich presste meine Handfläche an die Tür des Badezimmers, hinter der Alex verschwunden war. Es tat mir nicht gut, hierher zu kommen. Es tat mir gar nicht gut.

Ohne noch einmal in Iras Zimmer zu gehen, machte ich mich auf den Weg nach unten. Es sah mich niemand, als ich meine Jacke aus der Garderobe stahl und hastig in meine Schuhe schlüpfte. Leise schlich ich mich aus dem Haus.

Draußen war es kalt. Mindestens zehn Grad minus. Und das Jahr hatte eben erst begonnen!

Am Gartenzaun blieb ich stehen und starrte die Häuserfassade hoch. Oben, im Dachfenster, konnte ich die Umrisse einer schlanken Gestalt erkennen.

„Na, Brummschädel?" Mom saß im Morgenmantel vor der Glotze und zog sich einen Kinderfilm rein. Einen Kinderfilm! Unser Zusammenleben wurde auch immer absurder.

Ich ließ mich neben sie auf das Sofa plumpsen und stierte teilnahmslos auf die Mattscheibe.

„Kennst du den? Ich liebe tschechische Märchenfilme!"

Mom war immer für eine Überraschung gut. Der Streifen wirkte wie in den 80ern gedreht. Der Hauptdarsteller sah witzig aus.

Seufzend legte ich einen Arm um ihre Schulter und gab ihr einen Kuss auf die Wange.

„Gutes neues Jahr!"

Mom lächelte. „Es kann nur besser werden als das letzte. Wie war deine Party?"

„Es waren genau genommen zwei. Erst war ich auf einer Fete von einer Mitschülerin."

„Kenne ich die?"

Mich wunderte immer wieder, dass meine Mutter gleichzeitig konzentriert fernsehen und sich angeregt unterhalten konnte!

„Ich glaube nicht. Birgit. Ihre Eltern haben so ein Wochenendhaus in der Südstadt. Mit Sauna und Schwimmbad im Keller."

„Aha." Mom beobachtete, wie die Schauspielerin im Fernseher an einem Ring drehte und verschwand. Cool. So ein Ding könnte ich auch gebrauchen. „War Sven dabei?"

„Klar. Bei der ersten Feier auf jeden Fall. Er ist dageblieben. Ich muss ihn später unbedingt anrufen. Weißt du. Er hat sich ein bisschen gehen lassen. Es gab jede Menge Alkohol."

Mom rümpfte die Nase. „Im Hotel auch. Rotkäppchensekt. Ausgerechnet!"

„Sag mal ..." Ich wusste nicht, wie ich das Thema möglichst beiläufig anschneiden konnte. Ich hatte keinen Bock, dass Mom falsche Rückschlüsse zog.

„Ja?"

Der Film war zu Ende und der Abspann lief.

„Der Typ gestern. Im Kosmetikstudio ..."

„Olaf?"

„Ja, genau." Es fiel mir schwer, meine Frage zu stellen.

Was genau wollte ich eigentlich wissen? „Also, dieser Olaf. Ist der irgendwie ... schwul?"

Mom schaltete die Glotze aus und runzelte die Stirn. „Wie kommst du denn darauf? Du hast doch seine Frau kennengelernt!"

Ja klar. Ich nickte.

„Trotzdem. Schon seltsam, dass ein normaler Mann ..." Normal. Normal. Komisch, dass das Thema mich so aufregte.

„Olaf ist doch ein Künstler! Du hättest seine Show sehen müssen. Er tritt als blonde Barsängerin auf. Und dann gibt es noch die Revue-Nummer. Mit Steppeinlage. Am Ende schminkt er sich vor dem Publikum wieder ab und wird zum Mann. Kennst du nicht Mary und Gordy?"

Mary und Gordy *deutsches Travestiepaar*

Mary und Gordy? Ernie und Bert? Dick und Doof? Ich seufzte.

Ernie und Bert *Figurenpaar der Fernsehsendung „Sesamstraße"*

Dick und Doof *US-amerikanische Filmkomiker*

„Läuft der in seiner Freizeit auch so ... so als Frau herum?" Mom lachte. „Spinnst du? Olaf ist ein ganz normaler Mann. Er arbeitet in einer Steuerkanzlei. Und nebenbei tritt er als Travestiekünstler auf. Das ist alles." Dann stutzte sie. „Kannst du dich nicht erinnern, dass ich dir vor einem halben Jahr schon von ihm erzählt habe, als er auf dem Sommernachtsball auftrat? Ich habe doch beim Abendessen lang und breit von ihm und seiner Show geschwärmt!"

Draußen regnete es. Der frisch gefallene Schnee verwandelte sich in nassgrauen Matsch. Ich zog die Vorhänge zu und legte mich wieder ins Bett. Olaf ist ein ganz normaler Mann, tönte es in meinem Kopf. Ich bezweifelte das. Es war nicht natürlich, wenn sich ein Mann Frauenklamotten anzog. Außer im Fasching. Außer, er war Künstler. Außer, er war ... Alex und nicht normal? Schlagartig fiel mir das

Gespräch ein, das wir nachts im Flur geführt hatten, und die Röte schoss mir ins Gesicht. Würde er Ira davon erzählen? Ira und ihren bescheuerten Kusinen? Ob Felipe schon wieder abgereist war?

Ich rollte mich seitlich ein und vergrub mich unter der Decke. Das Handy piepte. Ich stand auf und ging zum Schreibtisch.

„Hallo?“

„Ich bin’s, Alter. Sven.“

Ich stieg zurück in mein Bett und schlang die Decke um mich. Totale Dunkelheit. Schlaf. Das war alles, was ich im Moment brauchte.

„Warum rufst du nicht auf dem Festnetz an?“

„Weil die Leitung gestört ist!“

Mir fiel ein, dass Mom an Feiertagen das Kabel rauszog. Wir hatten uns schon oft deswegen in den Haaren gelegen.

„Soll ich dich gleich noch mal zurückrufen?“

„Lass es. Ich muss sofort mit dir sprechen. Ist deine Mutter in der Nähe? Kann jemand mithören?“

Das Gespräch fing ja gut an.

„Ich bin in meinem Zimmer. Allein.“

In meinem Zimmer. Allein. Das klang wie die Ansage einer Telefonsexhotline. Sven atmete erleichtert auf.

„He, Mann. Das ist gut so. Das ist gut so.“

Ich verdrehte die Augen. „Hast du noch Restalkohol im Blut?“ Ich hasste diese wirren Telefonate mit Sven. Er wollte sich offensichtlich ausquatschen, hatte aber im Grunde keinen Bock zu reden. „Probleme zu Hause?“ Das Ratespiel konnte beginnen.

„Quatsch. Meine Ellis pennen noch. Die hatten gestern den Rausch ihres Lebens. Der Weinkeller ist absolut leer geräubert.“

Ellis *Eltern (umgangssprachlich)*

Ich gähnte. „Aha. Scheint bei euch in der Familie zu liegen. Genetisch bedingte Trunksucht."

Schweigen.

„Sven …" War das mühselig. „… hast du irgendeinen Scheiß gemacht?" Mir fiel die kleine Dünne ein. Kristina. Genau. Das war ihr Name. „Geht es um diese Kristina?"

„Kristina?", fragte Sven begriffsstutzig. „He, Toblerone! Wer ist Kristina?"

Ich seufzte.

„Jetzt fällt es mir wieder ein. Die Schlanke aus der 10a. Der du hinterhergestarrt hast!" Er lachte. „Toblerone. Die ist echt überhaupt nicht mein Typ!"

„Kannst du bitte mit diesem albernen Spitznamen aufhören?"

„Tobi." Sven wurde wieder ernst. „Ich habe gestern echt Mist gebaut. Eine Riesenscheiße."

Ich war nicht sicher, ob ich die Geschichte hören wollte. Er war wirklich sturzbetrunken gewesen. Ich hätte ihn nicht auf dieser Party alleine lassen sollen.

„Hast du …" Meine Stimme krächzte. „Hast du was kaputtgemacht im Suff? Oder ein Mädchen bedrängt?"

Ein Mädchen bedrängt? Wie hörte sich das denn an? Wie ein völlig veralteter Satz aus einem Benimm-Buch.

Sven schnaubte. „Bist du eigentlich nicht ganz richtig im Kopf? He, Tobi! Ich bin's! Sven!"

Ich nickte, obwohl er mich nicht sehen konnte. Erleichtert.

„Verstehst du, Tobi. Die Sache ist die. Du hast doch mitbekommen, wie blau ich war?"

Ich grinste. „Allerdings!"

„Gut. Als du weg warst. Ich meine. Die Party ging ja noch weiter. Ehrlich. Morgens um fünf war immer noch absolute Stimmung angesagt!"

Ich merkte, wie die Müdigkeit meine Beine hochkroch. Hoffentlich schlief ich nicht ein.

„Ich habe da mit jemandem rumgemacht. Weil ich so betrunken war. Keine Ahnung. Weißt du. Nicht so schlimm."

Aha. Jetzt konnte ich mein Gähnen nicht mehr unterdrücken.

„Ich will nur klarstellen, dass ich nicht so eine Schwuchtel bin."

Schweigen.

Mit einem Schlag wurde ich hellwach. Ich kroch aus meiner Decke hervor und starrte das Handy an.

Schwuchtel *abwertende Bezeichnung für einen homosexuellen Mann*

„Sven?" Ich war nicht sicher, ob ich nicht vor Schreck die Leitung unterbrochen hatte. Ich war nicht sicher, ob ich ihn richtig verstanden hatte.

Sven hustete. „Ich meine. Ist doch nichts dabei, wenn man sich ein bisschen zur Hand geht. Vor allem, wenn keine Frau herumspringt. Wenn du verstehst, was ich meine?"

Ich schüttelte den Kopf und starrte auf den Pokal im Regal. Komisch, dass mir das ausgerechnet jetzt einfiel. Ich hatte das Ding bei einem Tischtennisturnier gewonnen. Dabei hatte ich damals gar nicht wirklich in einem Team gespielt. Ich war selbst überrascht gewesen von meinem Erfolg. Warum hatte ich eigentlich danach nicht damit weitergemacht?

Dann fiel mir wieder ein, was Sven eben gesagt hatte. Ich wartete darauf, dass er in schallendes Gelächter ausbrach. „Verarscht, Alter!" „Reingelegt!" Aber nichts dergleichen geschah.

„Weißt du ..." Svens Stimme klang rau und versoffen. Zum ersten Mal wurde mir bewusst, dass wir alle übertrieben. Diese Unmengen an Alkohol. Das konnte einfach nicht gesund sein.

„Weißt du, Toblerone ..."

Ich seufzte.

„Weißt du, es geht mir nur darum, dass Marc nicht denkt, ich sei irgend so ein kranker Schwulomat."

Im Geiste ging ich durch, wer alles auf der Party gewesen war, dem daran gelegen sein könnte, Svens Ruf für immer zu ruinieren. Spontan fielen mir fünf Leute ein. Ich hoffte, was auch immer er getan hatte, hatte er hinter verschlossenen Türen gemacht.

„Also, Sven. Überlege genau, ob Marc dich gesehen hat. Wurdet ihr beobachtet?"

Sven hustete trocken. „Toblerone. Schwör mir, dass wir immer Freunde bleiben, egal, was passiert ist."

Ich verdrehte die Augen. „Sven. Das ist jetzt wichtig. Hat dich der Sponk dabei gesehen? Hat einer von den anderen Typen, mit denen du dich immer anlegst, dich gesehen? Mit wem bist du überhaupt verschwunden?"

Sven schwieg.

„Sven?"

Ich gab es auf.

Dann begriff ich plötzlich. „Sven. Du bist so ein Idiot!" Ich schloss die Augen. „Du hast mit Marc ...?" Ich konnte den Satz nicht zu Ende sprechen.

Sven seufzte. „Wirklich, vielleicht ist der Typ schwul. Aber du kennst mich ja. Es war nur, weil ich so blau war. Ich schwöre."

Früher Nachmittag. Ich duschte kalt, und für einen Moment froren alle meine Gedanken ein und ich war nur ein müder Körper, der verzweifelt um Gnade bettelte. Das Wasser lief in meine Ohren, meinen Mund, meine Nase. Rasch schloss ich die Augen. Taub, blind. Weit weg in einer anderen Dimension. Svens komische Eröffnung am Telefon wurde zusammen mit der gestrigen Nacht von einem eisigen Duschstrahl fortgewischt und verschwand mit einem gurgelnden Laut im Abfluss. Schmerzhaft schossen Bilder von Felipe und Ira durch meinen tauben Schädel. Mein Gehirn wurde zur Leinwand, und Szenen der vergangenen Nacht blitzten sekundenschnell darauf auf. Der kreisende Joint. Die brennende Kerze. Felipes Rastas. Der Kuss, den sie sich gegeben hatten. Die Diashow in meinem Kopf war zu Ende, und Iras Gesicht starrte mich von der Leinwand aus an. „Du hast dir alles nur eingebildet!", sagte es hart lächelnd. Das Lächeln wurde weicher, nahm einen mitleidsvollen Zug an. Die Wangen verschoben sich, die Augen wurden dunkler. Und mit einem Mal kapierte ich, dass es Alex' Gesicht war, das mich nachdenklich anblickte.

Svens Mutter öffnete. Wie meine Mutter trug sie einen Morgenmantel. Hellblauer Frotteestoff. Als sie mich sah, zog sie den Knoten um ihre Taille fester. Ich fragte mich, ob es einen großen internationalen Versandhandel gab, bei dem alle Mütter dieser Welt ihre Freizeitklamotten bestellten.

„Gutes neues!" Svens Mutter hatte schwarzblaue Ringe unter den Augen. Als ich reingekommen war, hängte sie energisch das Sicherheitsschloss ein. Als würde ein Mensch am ersten Tag des Jahres auf die Idee kommen, in eine vollbesetzte Wohnung einzusteigen. Dann verschwand sie wieder im Schlafzimmer. Offenbar hatte sie den ganzen Tag im Bett verbracht.

„Sven?" Ich schob vorsichtig die Tür zu seinem Zimmer auf und setzte mich auf den Bürostuhl. Svens Zimmer sah aus wie die Kommandozentrale der NASA. Er hatte eine überdimensionale Computerausrüstung, und Weltraumaufnahmen von der Erde hingen an der Wand. Halogen-

NASA *US-amerikanische Luft- und Raumfahrtbehörde*

leuchten an der Decke. Oben auf dem Schrank lag eine verstaubte Teddysammlung.

„Du siehst echt scheiße aus!"

Sven hockte im Schneidersitz auf seinem Bett. Auf dem Nachtkästchen stand ein Glas mit einer sprudelnden Flüssigkeit. Aspirin?

Sven setzte das Glas an und trank den Inhalt in einem Zug leer. Er trug einen Schlafanzug mit Motiven aus den Simpsons. In Kombination mit seiner Garfield-Bettwäsche sah das ziemlich daneben aus. Irgendwie fand ich ihn zu alt für die Sachen.

„Danke, dass du gekommen bist." Er schloss die Augen. „Ich bin echt am Filter."

am Filter sein *nervlich am Ende sein (umgangssprachlich)*

Schweigen.

„Wie war dein Silvester?" Sven starrte mich mit verheulten Augen an.

Verheult? Verständlich. Wenn ich an Marc dem Sponk rumgemacht hätte, würde ich auch stundenlang weinen.

„Ich war bei ... Ira." Ich gähnte und streckte mich. „Wir haben zwei Joints geraucht. Sie hat mit ihrem Exfreund geknutscht, und ich habe ihrer blonden Kusine unter das Hemd gefasst. Bevor etwas passiert ist, bin ich gegangen." Ich überlegte kurz. Atmete tief ein. „Das war mein Start ins neue Jahr." Ich dachte an Alex.

Wir sahen uns an und lachten.

„He, Alter. Du bist so bescheuert. Wenn du so weitermachst, verreckst du an Samenstau."

„Der Rat eines echten Experten."

Sven zog die Stirn in Falten. „Du darfst das niemals jemandem erzählen! Ich meine, du weißt schon."

Ich grinste. „Und was ist mit Marc? Jetzt, wo ihr sogar heiraten könntet. In zwei Jahren. Homo-Ehe."

Sven wurde rot. „Hör auf, das ist nicht witzig. Ich bin nicht schwul." Seufzen. „Vielleicht erinnert er sich gar nicht mehr daran."

Ich griff auf dem Schreibtisch nach einem Kugelschreiber mit dem Slogan einer Lebensversicherung darauf und deutete mit der Spitze auf Sven. „Klar. Genauso, wie du dich nicht daran erinnerst."

Die Tür wurde aufgeschoben und Svens Mutter steckte den Kopf herein. „Jungs. Soll ich euch auch einen starken Kaffee machen? Heckt ihr gerade gute Vorsätze fürs neue Jahr aus?" Sie hatte sich einen Jogginganzug angezogen. Adidas. Die Augenringe waren unter einer dicken Schicht Abdeckstift verschwunden.

„Sven hat beschlossen, in diesem Jahr homosexuell zu werden!", stellte ich sachlich fest und drehte mich auf dem Bürostuhl im Kreis. Svens Mutter nickte. „Toll, Sven. Das ist eine tolle Idee. Wenn du dann noch die Schule schmeißt, bist du genau der Sohn, den wir uns immer gewünscht haben!"

Ich mochte Svens Mutter. Sie war witzig.

„Also ...", wir waren wieder alleine im Raum, „was habt ihr genau gemacht?"

Sven seufzte. „Vergiss es."

„Wie wäre es mit ein paar Details?"

Ich war nicht sicher, ob ich ehrlich neugierig war oder ihn nur unnötig quälen wollte. Marc und Sven. Ich würde mir das später vorstellen. Irgendwie hatte ich zurzeit ein echtes Imaginationsproblem.

Imagination *Vorstellungskraft*

„Hat er bei dir ... oder du bei ihm?"

Sven ließ sich auf sein Kissen fallen.

„Beide. Was denkst du denn? Ich meine, man kann sich doch mal gegenseitig einen runterholen, ohne gleich schwul zu sein!"

Ich konnte nicht glauben, dass wir dieses Gespräch führten.

„Hör zu. In Internaten machen das die Jungs ständig. Das steht da quasi auf dem Stundenplan!"

Ich musste schon wieder an Alex denken. Zum vierten Mal seit heute Morgen. Scheiße. Es war früher Nachmittag und mein guter Vorsatz mehr als gebrochen.

„Was schaust du mich so seltsam an?" Sven klang ärgerlich. „Ich erzähl dir das nur, weil du mein bester Kumpel bist."

Ich überlegte, was passiert wäre, wenn ich auf der Party geblieben wäre. Vielleicht hätte ich dann an Svens Schwanz herumgespielt. Die Vorstellung gefiel mir gar nicht.

„Hättest du das auch mit mir gemacht, wenn ich da gewesen wäre?"

Sven starrte mich entgeistert an. „He, spinnst du jetzt vollkommen?"

„Aha. Dann lag es also speziell an Marc? Und nicht an der Situation? Nicht daran, dass du so betrunken warst?"

„Keine Ahnung, Alter. Ich war einfach blau. Er war blau. Wir haben ein bisschen aneinander rumgefummelt. Das war eine einmalige Geschichte, kapiert? Warum machst du so ein Problem daraus?"

Er hatte recht. Was machte ich mir überhaupt Gedanken? Warum hatte er es mir überhaupt erzählt? Im Grunde war es harmlos. Eine Kinderei. Genauso belanglos wie mein dilettantisches Rumgetatsche an Britta.

„Hör zu. Es braucht ja niemand zu erfahren, Sven." Ich stand von dem Bürostuhl auf. Keine Reaktion.

Sven hatte sich unter seiner Garfield-Bettwäsche verkrochen.

Januar

Das Wetter blieb durchwachsen. Die meiste Zeit regnete es. In einer Ortschaft ein paar Kilometer weiter nördlich war es zu Überschwemmungen gekommen. Der Bus, mit dem ich die nächsten zwei Wochen mit Mom ins Hotel fuhr, musste einen Umweg nehmen. Kleinried, Oberried, Unterried. Ich konnte die deprimierenden Namen der Käffer nicht mehr hören.

„Du hast dich wacker geschlagen", sagte meine Mutter an meinem letzten Arbeitstag. „Bei den Kundinnen hast du wirklich einen Stein im Brett!"

Ich fand, sie übertrieb. Aber es war überraschenderweise ganz interessant gewesen. Auch, wenn ich die meiste Zeit in der Teeküche zugebracht hatte.

„Ich werde Dirka fragen, ob sie dir das Praktikumszeugnis schreibt!"

Die Idee fand ich gut. Es war auf jeden Fall besser, als wenn der Name meiner Mutter unter der Bescheinigung stand.

Dirka nickte beiläufig. Sie sortierte eben die Frauenmagazine auf dem Glastisch.

„Die Hefte sind völlig veraltet", sagte sie, nahm einen Stapel und schleppte ihn hinüber zum Mülleimer.

„Papier wird extra gesammelt", sagte meine Mutter.

Dirka verdrehte die Augen. „Sex mit dem Ex!" Sie schnaubte und ließ den Stapel in den Karton mit den Papierverpackungen fallen. „Das würde mir gerade noch fehlen. Der Typ kann mich mal kreuzweise."

Dirka redete ständig von ihrem Exfreund. Es war fast zwanghaft, wie sie jedes Thema auf ihn brachte.

Zum ersten Mal seit Tagen dachte ich wieder an Ira.

„Ihr könnt jetzt gehen." Mom klappte ihren Termin-

Peeling *kosmetische Behandlung zur Entfernung der obersten Hornschicht der Haut*

Absacker *letztes Getränk vor Antritt des Heimwegs*

block zu. „Das Peeling übernehme ich. Macht euch einen schönen Nachmittag."

Ich zog den weißen Kittel aus und hängte ihn über Dirkas. Dirka schob sich einen lila Kaugummi in den Mund und schaute mich fragend an.

„Lust auf einen Absacker?"

Es war vier Uhr nachmittags! Trotzdem quetschte ich mich in Dirkas grasgrünen Käfer und wir heizten die Landstraße hinunter.

„Hier liegt echt der Hund begraben." Dirka ließ eine Kaugummiblase platzen. „Wenn du es wissen willst: Ich bin nur wegen dem Job hergezogen."

Ich nickte. Spießig und langweilig. Das genau war es hier. Bis auf kleine Ausnahmen.

„Scheiße."

Dirka zog ihre Augenbrauen hoch. Ich hatte sie mehrfach dabei beobachtet, wie sie sich die Augen anpinselte. Getuschte Wimpern, hauchfeiner Lidstrich. Sie war ein echter Profi.

„Was ist?" Sie schaute kurz zu mir rüber.

„Was soll sein?" Ich starrte auf die vorbeirasende Landschaft. Wald. Ein Acker. Noch sieben Kilometer bis zur Stadt.

„Du hast eben Scheiße gesagt. Gar nicht aufgefallen?"

Ich lachte. „O Mann. Jetzt führe ich schon Selbstgespräche. Tut mir leid. Bei mir läuft momentan alles schief."

Dirka stieg auf die Bremse und manövrierte die klapprige Kiste in einen leeren Parkplatz vor einem ziemlich heruntergekommenen Gasthof. „Adlerhorst". Das hörte sich nicht gerade *hip* an.

„Die brauen selber. Das beste Bier in der Region!" Dirka redete, als wäre sie es, die hier aufgewachsen war. Als hätte sie die ersten 16 Jahre ihres Lebens hier sinnlos abgesessen und nicht ich. Wir stiegen aus und stiefelten durch den Matsch zum Eingang und nahmen den Tisch am Fenster in Beschlag.

„Also. Erzähl mal." Dirka prostete mir zu und trank gierig an ihrem Bier. Das Getränk passte irgendwie nicht zu ihr. Eher ein Piccolo oder ein Cocktail.

Piccolo *0,2 l-Flasche Sekt*

Stumm nippte ich an meinem Spezi. Seit Silvester legte ich eine Alkpause ein.

Es war komisch, mit Dirka an einem Kneipentisch zu sitzen. Und plötzlich über Privates zu reden. Im Hotel waren unsere Themen immer die gleichen: die Kundinnen. Das Wetter. Ein paar belanglose Sprüche über Dirkas Ex.

„Deine Eltern sind erst seit ein paar Monaten getrennt, oder?" Ich nickte. Keine Ahnung, was meine Mutter bislang alles mit ihr besprochen hatte. Dirka war zu kurz da, um eine echte Verbündete für sie geworden zu sein. Aber die Chemie zwischen den beiden stimmte. Auch mit uns dreien hatte es gut geklappt. Es tat mir ein bisschen leid, dass ich Dirka nun nicht mehr täglich sehen würde.

„Mein Vater hat uns vor einem Dreivierteljahr verlassen. Wegen einer Jüngeren."

Dirka setzte ihr Glas ab. „Er hat dich wegen einer Jüngeren verlassen? Muss echt hart gewesen sein!" Sie grinste und wischte sich den Schaum aus den Mundwinkeln.

Ich musste ebenfalls grinsen.

„Du weißt schon, was ich meine. Seine Neue heißt Blandine. Sie ist der Inbegriff einer dummen, blonden Pute."

„Aha." Dirka fuhr sich durch ihre schwarz gefärbten Locken und nickte. Sie war solariumgebräunt und trug um ihr linkes Armgelenk eine tiefblaue Tätowierung. Blumenranken oder so. Ineinander verschlungene Ornamente.

„Meiner Mutter geht es seitdem echt dreckig. Verstehst du. Mit ihm hat sie alles verloren. Jetzt trottet sie in ihr blödes Studio.“

Dirka runzelte die Stirn und fuhr mit ihren Fingerspitzen die Konturen der Tätowierung nach. Die Nägel waren oval gefeilt. Den Nagellack kannte ich aus dem Studio. Perlmutt? Mom trug dieselbe Farbe.

„Komisch. Ich finde, dass deine Mutter sich ziemlich tapfer hält.“ Dirka setzte das Bierglas an, trank einen Schluck und setzte es wieder ab. „Zumindest habe ich sie kein einziges schlechtes Wort über ihren Exmann sagen hören. Im Gegenteil. Sie schmiedet jede Menge Pläne. Lässt sich nicht hängen. Eigentlich boxt sie sich ganz schön gut durch!“

Ihre Einschätzung überraschte mich. Dann fiel mir die Sprachreise ein, die Mom letzte Woche völlig unerwartet gebucht hatte. Acht Tage Intensivkurs in London. Im August. Alleine. Vielleicht hatte Dirka ja recht.

„Und wie kommst du damit klar? Ich meine, dass dein Vater plötzlich weg ist?“

Ich schluckte. Sie war die Erste, die mir diese Frage stellte. Alle anderen schienen davon auszugehen, dass das alles an mir abprallte. Und in gewisser Weise tat es das ja auch. Nur diese Wut, die bekam ich irgendwie nicht aus dem Kopf. Trotzdem machte ich eine abfällige Handbewegung.

„Keine Ahnung. Es ist nur wegen meiner Mutter. Ich habe keine Lust, für sie verantwortlich zu sein. Ich will meine eigenen Sachen machen.“

Dirka leerte ihr Glas und gab dem Wirt ein Zeichen. „Willst du auch Nachschub? Ich bestelle mir noch eine Cola. Schließlich will ich uns später nicht in den Graben setzen.“ Ich schüttelte den Kopf.

Eine Weile sagten wir beide gar nichts.

„Und? Gibt es jemanden, mit dem du reden kannst?"

Hm, gute Frage. Mit wem konnte ich reden?

„Meinen Kumpel Sven. Aber der tickt momentan vollkommen aus. An Silvester hat er mit einem anderen Typen herumgeknutscht. Herumgemacht, kapierst du? Er und unser gemeinsamer Kumpel Marc. Auch so ein Weiberheld. Ich bekomme echt zu viel, wenn ich nur daran denke!"

Dirka wirkte amüsiert und zog die Augenbrauen nach oben. Offensichtlich keine Geschichte, mit der man sie schockieren konnte.

„Dann gibt es da noch ein Mädchen", gab ich zu und wunderte mich, dass ich so offen mit Dirka sprach. Sie kannte mich im Grunde gar nicht. Und ich war nicht sicher, ob ich mich ihr wirklich anvertrauen wollte. Eilig setzte ich die Speziflasche an und trank den Rest in einem Zug aus.

Dirka lächelte mich an. „Seid ihr zusammen oder gibt es ein Problem?"

Der Wirt stellte eine Cola auf den Tisch und warf mir einen fragenden Blick zu. Es schien, als erwartete er eine ernsthafte Antwort auf die Frage, die Dirka mir eben gestellt hatte. Dann wandte er sich ab und schlurfte wieder zum Tresen zurück. Warum bekam Dirka eigentlich ihre Cola in einem Weinglas serviert, während ich aus der Flasche trinken musste?

„Hm. So genau weiß ich das eigentlich nicht. Es gibt da diesen Exfreund. Felipe. Jede Menge Rastas. So ein Typ, der am Bahnhof abhängt und dich um einen Euro anschnorrt."

Dirka lächelte. „He, pass auf. Das habe ich als Teenager auch gemacht! Ich hatte alle Haare abrasiert und so einen Irokesenschnitt!" Sie machte eine ausladende Handbewegung über ihrem Kopf und ich zog eine Grimasse. Dann

Irokesenschnitt *Frisur, bei der nur ein Haarstreifen von der Stirn bis in den Nacken erhalten bleibt* hörte ich auf damit, weil ich plötzlich kapierte, dass sie es ernst meinte.

„Also Felipe. Ihr Typ. Er hat absolut auf nichts reagiert. Aber er hat sie geküsst. Und ich glaube, er ist auch bei ihr geblieben. Die Weihnachtsferien über. Bei ihrer Familie, verstehst du? In ihrem Bett. Ehrlich gesagt bin ich sicher, dass die beiden wieder was miteinander haben!"

Dirka nippte an ihrer Cola. „Stimmt, hört sich nicht gerade so an, als ob er ihr platonischer Brieffreund wäre."

platonisch *hier: rein geistig, ohne sexuelle Empfindungen*

Wir grinsten. Platonisch. Mich wunderte, dass Dirka so ein Wort benutzte.

„Weißt du was, Tobi ..." Dirka stützte sich mit den Ellenbogen auf dem Tisch ab. „Es ist echt beschissen, wenn man auf jemanden steht, den man nicht haben kann. Aber das ist meistens nur eine Frage der Zeit. Vor allem in deinem Alter."

„In meinem Alter?"

Sie redete, als läge ein Jahrhundert zwischen uns.

„Na ja. Soweit ich mich erinnern kann, trennt man sich mit 16 noch recht schnell. Es ist alles noch nicht so bierernst. Wahrscheinlich hat sie diesen Felipe im Sommer bereits vergessen."

Das bezweifelte ich.

„Ein paar Jahre später sind solche Geschichten schon viel komplizierter!" Sie spielte mit dem Ring an ihrem Finger.

Mom hatte mir erzählt, dass Dirka vor einem halben Jahr geheiratet hatte. Dirka in Weiß? Ich konnte sie mir nur schwer vorstellen.

„Das Problem ist ..." Ich wunderte mich selber, dass ich ihr all das erzählte. Vielleicht lag es an der seltsamen Kneipe, in der wir saßen. Der Wirt stand hinter der Bar, über eine Bild-Zeitung gebeugt. An den Wänden hingen Gruppenfotos von Stammtisch-Brüdern. Und hier saß ich mit

Dirka und versuchte, ihr mein Leben zu erklären. „Weißt du, es gibt da noch jemanden ..." Ich hielt inne.

Dirka rieb sich die Augen. Ihr blauer Lidstrich verwischte, und für einen Moment sah es aus, als hätte sie geweint. „Noch ein Mädchen?"

„Hm. Nicht wirklich. Iras Bruder, um genau zu sein."

Jetzt war es draußen. Ein paar Sekunden lang hielt ich den Atem an.

Dirka wirkte wenig beeindruckt. „Hat er was dagegen, dass du auf seine Schwester stehst?"

Ich schüttelte den Kopf. Wie sollte ich ihr das erklären?

„Hast du schon einmal jemanden getroffen, in dem du dich völlig getäuscht hast?"

Dirka nickte. „Klar. Mein Exfreund. Er ist verrückt. Sorry. Aber das ist er wirklich."

Ich fragte mich, ob Dirkas Mann sich auch ständig die Geschichten über den Ehemaligen anhören musste.

„Nein. Nicht so. Ich meine auf eine andere Art und Weise. Zum Beispiel jemand, der nach außen hin völlig dumm erscheint. Und nur du kapierst, dass er im Grunde hyperintelligent ist. Ein Genie!"

Das Beispiel war schlecht. Dirka ließ ihren Ehering auf der Tischplatte kreiseln.

„Vergiss es. Ich bring es einfach nicht, dir das zu erklären." Ich wirkte wohl ernsthaft verzweifelt. Mitleidig sah Dirka mich an.

Schließlich riss ich mich zusammen und wagte einen letzten Vorstoß. „Die Sache ist die, dass dieser Bruder ... Also, als ich ihn das erste Mal gesehen habe, sah er aus wie ein Mädchen."

Mit einem Mal schien Dirkas Interesse geweckt. Sie schob den Ring wieder über ihren Finger und faltete ihre Hände.

„Er trägt seine Haare lang und bindet sie sich zusammen. Benutzt so ein süßliches Parfüm. Und dann steckte er in diesem Kimono. Ich sah ihn und dachte mir nichts dabei. Weil ich geglaubt habe, er ist ein Mädchen. Verstehst du das Problem? Ich habe erst danach erfahren, dass er in Wahrheit ein Typ ist. Und seitdem bekomme ich dieses komische Gefühl nicht mehr weg. Immer, wenn ich ihn treffe oder an ihn denke, habe ich so eine abgefahrene Wahrnehmungsstörung. Ich schaffe es einfach nicht, ihn als Kerl zu sehen."

Dirka nahm einen Schluck ihrer Cola. Dann nickte sie langsam.

„Ich träume sogar davon. Von ihm. Von seinem Gesicht. Das ist doch krank. Es ist echt zum Kotzen."

„Was ist so schlimm an der Sache? Dass du ihn als Mädchen wahrgenommen hast oder dass er in Wirklichkeit ein Junge ist?"

Ich stutzte. Fast kam ich mir vor wie bei meinem letzten Gespräch mit Sven. Das lag nun knapp zwölf Tage zurück. Eine Welt lag dazwischen. Meine Arbeitstage mit Dirka und Mom im Studio. Meine einsamen Runden am Fluss. Dreimal war ich allein im Kino gewesen. Das bisschen Trinkgeld, das ich bekommen hatte, hatte ich immer sofort auf den Kopf gehauen.

„Offensichtlich hat dich ja irgendwas aus der Bahn geworfen. Und die Frage ist nun, was genau es ist." Dirkas Augen fixierten mich.

Ich seufzte. „Keine Ahnung. Ich habe keinen Bock, darüber nachzudenken."

Dirka zog ihr Portemonnaie aus der Tasche und legte einen Schein auf den Tisch. „Okay. Dann lass uns mal zahlen."

„Dirka ist wirklich nett.“

Ich nahm Mom den Kochlöffel aus der Hand und rührte in der Pfanne herum. Ratatouille. Die Paprikas dampften.

Ratatouille *geschmortes Gemüsegericht (aus Frankreich)*

„Ja. Ich hatte ziemlich Glück mit ihr. Jemand mit ihren Fähigkeiten in einer Kleinstadt! Wahrscheinlich hätte sie jeden Job haben können!“

Ich stellte die Temperatur niedriger und machte den Deckel zu. Im Topf daneben kochte Wasser, und zwei Beutel mit Reis tanzten auf der Oberfläche.

„Warum ist sie überhaupt hierher gezogen?“

Es war fies, wie ich Mom hinter Dirkas Rücken über sie ausquetschte. Das hätte ich sie alles heute Nachmittag fragen können. Als wir zusammengesessen hatten. Als sie sich bereitwillig meine Geschichten angehört hatte. Plötzlich war es mir unangenehm, dass ich ihr so viel von mir erzählt hatte. Vielleicht stand sie in ebendiesem Augenblick in ihrer Küche und machte sich mit ihrem Mann zusammen darüber lustig, mit welch dämlichen Problemen ich mich herumschlug.

Mom zündete ein Teelicht an und stellte die Kerze auf den Fenstersims. „Keine Ahnung. Hat was mit ihrem Exfreund zu tun. Irgendwie kommt sie nicht von ihm los.“

Fenstersims *Fensterbank*

„Und ihr Mann?“

Ich nahm die zwei Reisbeutel aus dem Wasser und ließ sie auf die Teller fallen. Die Dinger waren verdammt heiß. Ich kapierte nicht, warum Mom den Reis nicht offen kaufte.

„Ihr Mann ist wieder ein anderes Thema.“

Später am Abend. Fast zehn.

„Tobi? Dirka ist am Telefon!“

Als Mom mir den Hörer reichte, legte sie die Hand auf die Muschel. „Was will die denn von dir? Mitten in der Nacht! Ihr wart doch den ganzen Nachmittag zusammen!“

Ich fasste nach dem Hörer. „Hallo?“

Dirka lachte. „Mach den Fernseher an! Schnell!“

Mom blieb neben dem Telefontisch stehen und beobachtete mich.

„Sorry. Meine Mutter startet hier gerade den großen Lauschangriff.“

Beleidigt zog Mom ein Gesicht und verschwand im Wohnzimmer, wo sie die Tür demonstrativ offen ließ.

„Was meintest du noch mal?“

Vor zwei Wochen hatte ich von Dirka noch nicht mal gewusst, und jetzt quatschten wir am Telefon, als würden wir uns schon ewig kennen!

„Habt ihr Satellitenempfang? Du musst dir unbedingt diese Sendung ansehen!“

„Welche Sendung?“ Ich verstand ihre Aufregung nicht.

„Eine Talkshow. Ein Mann, der früher eine Frau war. Und nach der Werbepause kommt eine Frau, die früher …“

„Und? Wen interessiert's?“ Ich lachte.

„Schließlich haben wir uns heute doch darüber unterhalten!“

Vielleicht hätte ich doch nicht so viel erzählen dürfen. Womöglich dachte sie jetzt, ich sei auch so drauf. Würde mich für all den Kram wirklich interessieren. Schwule. Männer in Frauenkleidern.

„Vergiss es, Dirka. Du hast da was missverstanden!“

Dirka stöhnte. „Oje. Du hast wirklich eine Scheißangst vor dem Thema.“

Scheißangst? Ich schielte zur Wohnzimmertür hinüber und war froh, dass Mom den Fernseher eingeschaltet hatte.

„Angst? Ich habe überhaupt keine Angst!“

„Komm wieder auf den Boden.“

„Komm du wieder auf den Boden!“

„Sorry“, sagte Dirka beschwichtigend. „Ich wollte dich nicht auf die Palme bringen. Ich dachte nur, dass du auf der Suche nach Antworten bist. Du hast mir das alles doch selbst erzählt. Von deinem schwulen Freund Sven. Und von ...“

„He. Das ist was anderes. Was völlig anderes. Wie kommst du auf so einen Quatsch?“

„Hast du dich etwa nicht darüber aufgeregt, dass er mit einem anderen Kerl gefickt hat?“, fragte Dirka.

Ich legte auf und ging in mein Zimmer.

Ficken? Ich fasste es nicht, dass Dirka das Wort gebraucht hatte. Es machte mich unruhig, wenn Frauen so redeten. Das klang doppelt obszön. Außerdem hatten die zwei sich bloß ein bisschen angefasst.

Das Telefon schellte. Ich ließ es eine Ewigkeit klingeln und ging dann ran.

„Hast du dir schon einmal Gedanken darüber gemacht, ob Alex nicht vielleicht eine Frau sein könnte?“

„Sorry, Dirka. Aber er ist ein Typ. Ich weiß es. Er geht auf eine Knabenschule. Er ist ein Mann. Du erinnerst dich an den Biologieunterricht? Diese Menschen mit den XY-Chromosomen. Bärtig, haben ihr wertvollstes Teil zwischen den Beinen hängen ...“

Dirka unterbrach mich.

„Das ist mir auch klar. Aber vielleicht ist er so jemand wie in der Talkshow. Psychologisch eine Frau. Verstehst du. Das gibt es. Trans...“

„Travestie. Ich weiß“, sagte ich genervt.

„Unsinn!“ Dirka klang mittlerweile auch nicht mehr ganz so freundlich. „Travestie ist Kunst. Ein Spiel. Männer, die sich als Frauen verkleiden. Oder umgekehrt. So Kerle wie Olaf eben.“

XY-Chromosomen *das Geschlecht des Menschen (hier des Mannes) bestimmende Genstrukturen*

psychologisch eine Frau sein *hier: vom Denken und Fühlen her weiblich sein*

„Und warum muss ich das wissen?“

„Ich könnte mir vorstellen, dass dieser Alex sich vielleicht innerlich als Frau fühlt und deshalb so ein Verwirrspiel treibt. Wieso sollte er sich sonst so eine Mühe geben? Vielleicht fühlt er sich aber auch sowohl als auch?“

Bitte? Wovon faselte sie denn jetzt?

Dirka ließ sich nicht aus der Ruhe bringen. „Weißt du, das gibt es. Zum Beispiel Leute, die mit beiden Geschlechtern geboren wurden. Das habe ich in einer Reportage gesehen. RTL 2.“

„Klar!“ Beratungsgespräch bei Dr. Dirka Knows-it-all. Es regte mich auf, dass sie sich so einmischte. So superklug daherredete. „Was für ein Schwachsinn! Es gibt nun mal Männer und Frauen. Und es gibt nun mal die normalen heterosexuellen Menschen und die anders gepolten.“

heterosexuell *sexuell auf Personen des anderen Geschlechts ausgerichtet*

„Ach ja? Dann erzähl mir doch noch mal die nette Geschichte von deinem normalen Freund Sven, der mit seinem normalen Kumpel Marc ...“

Ich legte wieder auf. Diesmal rief sie nicht mehr an.

„Warum bist du Silvester eigentlich einfach gegangen?“

Ira wartete am Schultor auf mich. Zum Glück klang sie nicht sonderlich sauer.

Ich hatte mich seit dem missglückten Abend nicht mehr bei ihr gemeldet. Danach waren die zwei praktischen Wochen angestanden und der Unterricht war ausgefallen. Zwei Ira-lose Wochen. Ira-los. Sven-los. Und Alex war in weite Ferne gerückt.

Ich antwortete nicht und hielt ihr die Eingangstür auf.

„Meine Kusine Britta war echt in dich verschossen. Sie wäre leicht zu haben gewesen.“

Leicht zu haben? Ich fragte mich, wer darauf kam, dass Männer miese Typen waren. Soweit ich das beurteilen konnte, waren es Frauen, die aus der Liebe eine Treibjagd machten. Die Vokabeln wie „ficken“ benutzten und Magazine kauften, in denen die Vorteile der ehemaligen Liebhaber gepriesen wurden. Sex mit dem Ex.

„Wenn du es dir noch anders überlegst ...“, Ira beeilte sich, mit mir Schritt zu halten, „... ich kann dir ihre Telefonnummer geben. Die Handynummer. Sie wohnt eine Ecke weg von hier. Aber falls du ...“

„Danke. Sie ist wirklich nicht mein Typ“, unterbrach ich sie wütend. Zwei Lehrer, die uns entgegenkamen, drehten sich erstaunt um. Ich war eindeutig zu laut geworden.

Wir schoben uns in das leere Klassenzimmer und setzten uns in die letzte Reihe.

„Aber sonst ist alles in Ordnung mit dir?“

Hatte Ira wirklich noch nicht gemerkt, dass ich auf sie abfuhr? Dass ich Felipe am liebsten an seinen Rastazöpfen aus dem Zimmer geschleift hätte, um Ira für mich zu haben?

Nach und nach strömten die anderen Leute in den Raum und Ira dämpfte ihre Stimme. „Die Party war doch nett. Das Gras war erstklassig.“

Ich ritzte mit der Bleistiftspitze in die Tischplatte. „Ist dein Gärtner wieder abgereist?“

Gärtner *hier: Dealer oder Anbauer von Hanf*

„Vor zwei Tagen. Weißt du, das ist ein bisschen schwierig mit uns beiden. Wir haben eigentlich keinen Bock auf Fernbeziehung. Aber sobald wir uns wiedersehen ... Verstehst du. Das ist einfach Chemie! Eine Kettenreaktion!“

„Leute. Die Schule hat mich jetzt schon am Arsch!“ Sven ließ sich neben mich auf den freien Stuhl plumpsen. Er wirkte wie immer. Offensichtlich versuchte er seit neuestem, sich einen Bart wachsen zu lassen. Das Ergebnis war eher kümmerlich.

Als er bemerkte, dass er uns bei einem Gespräch gestört hatte, fing er eilig an, seine Schultasche auszuräumen. Ordner, Block. Ein Schlampermäppchen. Der Kugelschreiber mit dem Slogan der Lebensversicherung schaute halb heraus, und mir fiel unser Treffen am ersten Januar wieder ein. Sven in seiner Kinderbettwäsche. Verkatert, angefüllt mit Geheimnissen. Danach hatten wir nicht mehr darüber gesprochen. Die Silvesternacht war zu einem seltsamen Traum geworden. Ein Hirngespinst, das eigentlich gar nicht stattgefunden hatte.

Als ich von dem Kuli hochblickte, sah ich Marc, der sich eben durch den Eingang drängte. Erst stand er etwas unschlüssig im Türrahmen, dann setzte er sich in die erste Reihe. Als er sich umdrehte und uns sah, fasste er sich zum Gruß kurz an die Stirn. Cool, gelassen. Ein schlichtes Hallo. Ich nickte ihm zu. Sven tat es mir nach. Senkte dann gelangweilt das Gesicht und vertiefte sich in sein Geschichtsbuch.

„Du könntest mit zum Mittagessen kommen. In der Tiefkühltruhe sind noch diese Dinger ...“ Ira suchte nach dem richtigen Wort.

Ich starrte sie fragend an. „Pizza?“

Wrap *gefüllte Teigtasche*

Sie schüttelte den Kopf. „Wraps! Mit Thunfischfüllung!“

Ich vergrub meine Hände in den Taschen. Eigentlich hatte ich keine Lust, mich wieder mit Ira zu treffen. Ich hatte überhaupt keine Lust, irgendjemanden zu sehen. Auf der anderen Seite ...

„Meine Eltern sind weg. Wir haben die ganze Bude für uns!“

Was sollte das denn jetzt? Wir brauchten die Bude nicht. Ihr Zimmer im Dachgeschoss reichte. Dort konnte sie alles machen. Kiffen, knutschen. Der unzüchtige Knabenchor. Tokio Suicide. Mir fiel auf einmal der Film ein, den ich ihr zu Weihnachten geschenkt hatte.

„Hast du die DVD angesehen?"

Ira schlug den Weg nach rechts ein und ich folgte ihr. Sie nickte. „Genial. Ich habe mich echt gegruselt."

Der Gedanke, dass sich Ira vor etwas gruselte, fiel mir schwer.

„Seid ihr … Also du und Felipe …"

Sie hakte sich bei mir unter und beschleunigte ihr Tempo. „Wir sind schon ganze zwei Jahre zusammen. Wahnsinn, oder? Eine Ewigkeit! Aber ich sage ja. Es ist echt nicht so einfach. Weißt du, eine Menge Mädchen stehen auf ihn."

Ich konnte mir das schwer vorstellen. Andererseits erklärte das wiederum, warum ich selbst so wenig Erfolg hatte. Die Überschneidungen zwischen Felipe und mir waren gleich null. Außer, dass wir das gleiche Mädchen wollten.

„Das mit Britta tut mir leid. Ich dachte, sie gefällt dir!" Wir waren bei Ira zu Hause angekommen und sie sperrte die Tür auf. Ich bekam plötzlich ein komisches Gefühl in der Magengegend. Einen Adrenalinstoß, der wie ein Stromschlag durch meinen ganzen Körper fuhr.

Ira schob mich in die Küche, öffnete das Kühlfach und nahm einen Pappkarton heraus.

„20 Minuten." Sie legte die Wraps auf ein Backblech und schob sie in den Ofen. Draußen vor dem Fenster machte sich ein ziemlich großer Rabe über ein Vogelhäuschen her. Die kleineren Vögel flatterten aufgebracht in alle Richtungen davon.

„Lass uns solange ein bisschen Musik hören.“ Ira folgte meinem Blick in den Garten. „Diese verdammten Raben. Wenn ich mein Schrotgewehr noch hätte, würde ich ihm die Flügel wegballern!“

Ich trottete hinter Ira her in das Dachgeschoss. Was redete sie eigentlich die ganze Zeit?

Im Flur blieb ich stehen. Alex' Tür war geschlossen.

„Ist dein Bruder da?“ Ich versuchte teilnahmslos zu klingen. Eine einfache Nachfrage. Nichts weiter. Meine Stimme war aber irgendwie brüchig.

Ira zog die Brauen hoch. Ein bisschen erstaunt vielleicht.

„Er ist zurück ins Internat. Du weißt schon. Die musikalischen Wunderkinder. Endlich habe ich das Stockwerk wieder ganz für mich!“

Sie schob mich in ihr Zimmer und schaltete die Stereoanlage ein. Auf dem Flokati-Teppich waren die Überreste eines großen roten Wachsflecks zu sehen. Als Ira bemerkte, dass ich darauf starrte, zuckte sie mit den Schultern.

„Ich habe es mit dem Bügeleisen versucht. Kennst du den Trick mit dem Löschpapier?“

Ich fuhr mit dem Finger über die Stelle. Das Wachs war weg. Aber eine hauchdünne rosafarbene Schicht war zurückgeblieben. Wie der Schorf über einer Wunde.

Sie legte eine deutsche Scheibe auf.

„Kennst du Rio Reiser? Haben mir meine Eltern zu Weihnachten geschenkt.“

Ich schüttelte den Kopf.

„Der ist tot. Schon lange. Das Album haben andere deutsche Bands gemacht. So eine Art Hommage.“

Hommage *öffentlicher Ehrenerweis für eine berühmte Persönlichkeit*

„Aha.“

Die Texte waren altmodisch. Aber der Sound gefiel mir.

„Ist er verunglückt?“

Ich überlegte, dass meine Eltern mir niemals eine CD schenken würden. Die Auswahl würde sie völlig überfordern.

Ira zündete sich eine Zigarette an. Camel light.

„Er war krank. Hatte Krebs oder Aids."

Aids. Mir fiel ein, dass ich keine Kondome dabeihatte. Ich schaute Ira sehnsüchtig an, und sie lächelte.

Unten in der Küche klingelte der Wecker.

Ira stand auf. „Bleib hier, ich hole das hoch. Willst du Cola? Oder lieber Wasser?"

Gemächlich lief sie die Treppe hinunter, und ich hörte sie in der Küche hantieren. Der Backofen wurde geöffnet. Das Blech herausgezogen.

Vorsichtig erhob ich mich vom Teppich und ging in den Flur. Unten läutete das Telefon. Ira hob ab und zog die Küchentür hinter sich zu.

Verglichen mit Dirka wirkte Ira plötzlich gar nicht mehr so ausgefallen. Weniger exotisch, als ich sie am Anfang empfunden hatte. Vielleicht waren die Leute hier in der Stadt einfach nur ausgesprochen langweilig.

Langsam drückte ich die Klinke zu Alex' Zimmer hinunter. Dann schob ich die Tür auf.

Enttäuscht blieb ich im Türrahmen stehen. Keine Ahnung, was ich erwartet hatte. Das Zimmer sah völlig normal aus.

An der einen Wand hing ein Plakat von einem alten Kinofilm. Eiskalte Engel. Daneben ein Bücherregal. Ein paar zerlesene Krimis. Ein mehrbändiges Lexikon. Darunter ein dicker Wälzer. Geschichte der abendländischen Musik. Ein alter Schreibtisch. Ein Bett. Darüber war eine blaue Tagesdecke gebreitet.

Ich setzte mich auf die Matratze. Stand wieder auf.

Zögernd ging ich weiter in den Raum hinein. Eine Nacktaufnahme von Marilyn Monroe an der Wand. In einem silbernen Rahmen. Ein Globus auf dem Boden.

Vor dem Schrank blieb ich stehen. Ich zog den Vorhang beiseite und starrte auf die Reihe ordentlich aufgehängter Klamotten. T-Shirts. Zwei Hemden. Eine graue Hose. Daneben der Kimono, den er bei unserem ersten Treffen getragen hatte.

Ich fasste den Stoff an und fuhr mit den Fingerspitzen darüber.

„Was machst du da?"

Ertappt zuckte ich zusammen und drehte mich um. Ira stand im Flur und sah mich beunruhigt an.

Was machst du da? Ich wusste nicht, was ich antworten sollte.

„Sorry. Ich war neugierig."

Am liebsten hätte ich mich in Luft aufgelöst. Ira nickte. Misstrauen in ihren Augen. Sie trug die Teller schweigend in ihr Zimmer und kam zurück.

„Machst du das immer? In fremden Zimmern herumstöbern?"

Ich war verlegen. Keine Ahnung, was sie jetzt von mir dachte. Wahrscheinlich, dass ich heimlich in ihrer Unterwäsche wühlte. Ihr Tagebuch las.

„Tut mir wirklich leid. Ich wollte einfach schauen, wie dein Bruder so lebt."

„Und? Bist du fündig geworden?"

Die Frage war gut. Ich wusste selbst nicht, wonach ich eigentlich gesucht hatte.

Ich zog den Vorhang vor dem Kleiderschrank wieder zurück.

„Dieser Kimono. Findest du den nicht irgendwie ... seltsam?" Ira kaute auf ihrer Unterlippe herum, ohne mir eine Antwort zu geben. Diese Angewohnheit von ihr fiel mir komischerweise erst seit heute auf.

„Mal im Ernst. Welcher Junge lässt sich die Haare wachsen und rennt mit einem Kimono herum? Außerdem benutzt er ein Frauenparfüm!" Ich kam mir vor wie der Ankläger bei der Auflistung der Beweislage. Nur dass ich nicht genau sagen konnte, worum es in diesem Verfahren überhaupt ging.

„Alex ist eben exzentrisch. Warum könnt ihr ihn nicht einfach in Ruhe lassen?", sagte sie wütend. Am Hals bekam sie rote Flecken.

exzentrisch *überspannt, vom Üblichen abweichend*

Wir verließen Alex' Zimmer und gingen zu Iras zurück. Schweigend aßen wir unser Mittagessen. Die Hälfte der Wraps blieb auf den Tellern liegen.

Ira legte ihr Besteck auf die Seite und zündete sich eine neue Zigarette an.

„Hast du früher nicht selbst gedreht?"

Ira nahm einen Lungenzug und fixierte mich. Sie machte das eine ganze Weile. Keine Ahnung, was sie dachte. Ich wünschte, ich wäre meinem Impuls gefolgt und nach Schulschluss direkt nach Hause gegangen. Die Aktion mit Alex' Zimmer war ziemlich daneben gewesen.

„Wollen wir uns aufs Bett legen?"

Ich schluckte. Was war das jetzt wieder für eine Tour? Eben hatte mich Ira noch aus dem Zimmer ihres Bruders geschmissen und jetzt das. Ich starrte sie fragend an.

Sie zog mich vom Teppich hoch und gemeinsam legten wir uns auf ihre Matratze. Das Bett war breit, viel breiter, als es aussah. 1 Meter 60? Nicht so ein schmales Jugendbett wie meines. Ich dachte daran, dass sie hier vermutlich mit Felipe geschlafen hatte. In den Nächten nach Silvester. Bis vorgestern.

„Was denkst du?" Ira fasste über mich und drückte die Zigarette im Aschenbecher auf ihrem Nachtkästchen aus. „Du schaust so ängstlich."

Ich schwieg. So nah an Ira. Allein. Die Situation machte mir langsam wirklich Sorgen.

„Hast du das Monroe-Bild in seinem Zimmer gesehen? Dein Bruder ist der einzige Mann auf der Welt, der auf eine Frau Jahrgang 1926 steht."

Ira blickte mich ausdruckslos an. Dann wandte sie sich brüsk ab und starrte der Wand entgegen.

Komisch, dass ihre Perücke so echt aussah. Selbst aus der Nähe.

„Weißt du, ich mache mir wirklich Vorwürfe." Sie drehte sich wieder um, und zum ersten Mal bemerkte ich, dass sie winzige Sommersprossen hatte. Rund um die Augen. Um die Nase. Mitten im Winter!

Ich strich ihr mit der Hand über das Gesicht, den Mund.

„Als wir noch Kinder waren, Alex und ich ..." Ihre Stimme klang träge. Als wäre sie völlig übermüdet.

Sie schloss die Augen und ich ließ meinen Zeigefinger auf ihrer Stirn kreisen.

„Wir haben uns immer einen Spaß daraus gemacht, ihm heimlich meine Klamotten anzuziehen."

Ich hielt mit meiner Bewegung inne.

„Er hat mich immer so beneidet. Um die Röcke. Die Kleider. Es war einfach ein Spiel! Wir haben uns zusammen geschminkt. Ich hätte das nicht machen dürfen."

Ich beugte mich über Ira und küsste sie auf den Mund. Plötzlich war es ganz einfach. Ich spürte, wie etwas in Ira nachgab, sich mir entgegenstreckte. Ihre Zunge glitt in meinen Mund. Ich zitterte. Der Kuss dauerte eine halbe Ewigkeit. Meine Hand wanderte an ihrem Pullover hinab, aber sie griff danach und hielt sie fest.

„Einmal, vor einem Jahr, trug er an Fasching dieses Abendkleid. Von unserer Mutter. Alle fanden das lustig. Aber ich fand es unheimlich."

Ira lag mit geschlossenen Augen da. Es wäre ein Leichtes, ihre Perücke vom Kopf zu streifen.

„Warum unheimlich?“

Jetzt öffnete sie die Augen. „Weil es ihm so verdammt gut stand. Es sah gar nicht aus wie eine Verkleidung, verstehst du? Und die Leute haben ihn wirklich für eine Frau gehalten. Weil das alles so echt war. Weil das alles so unglaublich gut zu ihm passte.“

Ich schlich mich die Treppe hinunter, obwohl niemand im Haus war, den ich stören konnte. Die Eltern wollten erst am späten Abend zurückkommen. Trotzdem war da etwas, das mich antrieb. Ich schaffte es einfach nicht, ruhig neben Ira liegen zu bleiben. Mein Kopf, meine Beine, mein ganzer Körper explodierte fast vor Energie. Ich hätte einen Marathon laufen können, jetzt, in diesem Moment. Abrupt blieb ich in der Mitte des Flurs stehen. Die Schiebetür zum Wohnzimmer war geschlossen. Eine hellbraune, schwere Tür, die sicherlich extra von einem Schreiner eingepasst worden war. Ich lehnte mich dagegen und schob sie auf.

Das Wohnzimmer lag träge in der Nachmittagssonne vor mir. Auf dem Tisch lag einsam eine zusammengefaltete Zeitung.

Ich starrte auf die Stelle, an der Alex damals gesessen hatte. Als ich zum ersten Mal hier gewesen war. Als ich hier gestanden hatte, wie in diesem Augenblick, und zugesehen hatte, wie er sich im Fenster spiegelte.

Jetzt wirkte der Raum karg, fast ausgestorben. Und oben lag Ira und schlief.

Dirka grinste mich an. Unser Streit am Telefon war vergessen.

„Alle Achtung. Meine Prognose hieß Sommer!“

Sie führte mich in ihre Wohnung, und ich ließ neugierig meinen Blick über die Einrichtung schweifen. Dirka und ihr Mann standen offenbar auf knallige Farben. Die Wände waren in einem kräftigen Gelbton tapeziert. Dazu jede Menge Bilder, Fotografien, Zeichnungen.

„Das ist Michael. Mein Mann.“ Dirka deutete auf ein Foto, das an der Pinnwand in der Küche klebte. Michael war wesentlich älter, als ich gedacht hatte. Ein Glatzkopf. Ein bisschen hager. Rund um sein Bild war mit schwarzem Edding ein dickes Herz gezeichnet worden.

„Seit vorgestern hat er endlich auch einen Job! In einer Computerfirma.“

Es war komisch, eine Freundin zu haben, die eine eigene Wohnung besaß. Die arbeitete. Die verheiratet war. Deren Mann in einer Computerfirma angestellt war. Das klang schon so alt. So erwachsen! Ich überlegte, wie das irgendwann sein würde. Wenn wir alle eigene Wohnungen hätten. Sven. Ira. Ich. Das war schwer vorzustellen.

Vielleicht würde ich dann mit Ira zusammenleben. Eine kleine Wohnung, wie die von Dirka. Wir würden in unserem Bett liegen, Sex haben und die Miete nicht bezahlen. Ich fragte mich, wie Paare es schafften, ein normales Leben zu führen. Zur Arbeit zu gehen. Morgens das Bett zu verlassen. Dirka drehte den Wasserhahn auf und reichte mir ein türkisfarbenes Glas.

„Tut mir leid. Ich war nicht mehr einkaufen. Konnte ja nicht ahnen, dass du hier so plötzlich reingeschneit kommst.“

Wir gingen in das Wohnzimmer und setzten uns auf die schreiend rote Polsterlandschaft. Auf dem Tisch lag ein Comic, bei dem ich Dirka offenbar unterbrochen hatte. Calvin und Hobbes. Jetzt war es mir doch ein bisschen unangenehm, dass ich sie so überfallen hatte.

Calvin und Hobbes *Comicfiguren*

„Also, darf man dir gratulieren?“

Sie schob mir ein Schälchen mit Pralinen herüber. Trüffel. Weinbrandbohnen. Ich entfernte vorsichtig das goldene Zellophanpapier.

„Wir haben uns geküsst.“

„O Mann. Mehr nicht?“, sagte Dirka. Sie nahm sich selber eine Praline und schob sie genüsslich in den Mund.

Dirkas Reaktion ärgerte mich. Wir hatten immerhin ganz schön wild herumgeknutscht. Das hatte vollkommen ausgereicht, um meine Hormone ziemlich in Wallung zu bringen.

„Ich habe auch noch was über Alex herausgefunden. Ihren Bruder!“ Ich war ein bisschen aufgedreht. Wie ein Detektiv, der endlich ein großes Geheimnis gelüftet hat. „Sie hat mir erzählt, dass er sich als Kind immer heimlich Mädchenklamotten angezogen hat. Und später auch. Er ist also echt abgedreht!“

Dirka schaltete das Radio ein. Glatteismeldung. Schneekettenpflicht.

„Hm. Das klingt wirklich ziemlich ungewöhnlich!“

Ich lachte. „Mir ist ein Stein vom Herzen gefallen. Jetzt weiß ich endlich, dass ich recht hatte. Der Typ ist ein ... Freak. Und ich bin voll darauf reingefallen.“

Die Nachrichten endeten mit dem Verkehrsbericht, und ein Song setzte ein.

„Gut. Dann hast du den Kopf ja endlich frei für andere Dinge!“ Dirka drehte die Lautstärke auf. „Jetzt, wo sich die Angelegenheit geklärt hat!“

Ich kratzte mich an der Stirn. Warum hatte ich das Gefühl, Dirka würde sich über mich lustig machen?

„Und was ist mit Ira? Verlässt sie ihren komischen Exfreund?“

Ich zuckte mit den Schultern. „Keine Ahnung. Ich wollte nicht gleich mit der Tür ins Haus fallen. Sie ist nach dem Kuss sowieso eingeschlafen."

Dirka verdrehte die Augen. „Grandios! Du scheinst ja ein feuriger Liebhaber zu sein! Hast sie mit einem Kuss sofort in Tiefschlaf versetzt. Man sollte dich als biologische Kampfwaffe einsetzen!"

Wir lachten beide.

Eine Zeit lang lauschten wir der Musik. Typischer Radiosound. Seit ich Ira kannte, hatten sich meine Hörgewohnheiten stark verändert. Vor ein paar Tagen hatte ich mir sogar eine Klassik-CD gekauft.

„Er ist jetzt sowieso weg. Wieder im Internat."

„Wer, ihr Exfreund?"

„Nein. Ihr Bruder."

„Ach. Das Thema Nummer eins. Erstaunlich, dass du immer wieder auf ihn zurückkommst."

„Was soll der Mist? Meinetwegen kannst du denken, was du willst." Ich stand abrupt auf. Dann setzte ich mich wieder hin, weil mir mein Benehmen selbst kindisch vorkam. Hörer auf die Gabel knallen. Wütend aus Zimmern stürmen. Was war in letzter Zeit nur mit mir los?

„Wie ist dein Praktikumsbericht eigentlich angekommen?" Dirka bohrte nicht weiter nach.

Ich nahm noch eine Praline und biss vorsichtig hinein. Marzipan. Nie wusste man, was einen erwartete!

„Super. Dein Zeugnis hat meine Lehrerin echt beeindruckt." Dirka hatte mir eine tolle Bescheinigung verfasst. „Sowohl die Kunden als auch die Mitarbeiterinnen schätzten Tobias' freundliches Auftreten. Er wurde in alle Tätigkeitsfelder des Unternehmens eingearbeitet." Eine schöne Umschreibung für Handtücher zur Reinigung bringen und Kaffeekochen.

„Was haben denn die anderen so gemacht?"

Ich überlegte.

„Mein Kumpel Sven ...“

„Ah. Ich erinnere mich! Sven, der Meister der Handarbeit!“

Ich wurde rot. „Sven hat in einer Kneipe gejobbt.“

Mir wurde auf einmal klar, dass ich ihn kein einziges Mal besucht hatte. Sein Praktikum war langweilig gewesen. Er hatte vor allem Gläser gespült. Und nur drei freie Getränke pro Tag bekommen.

„Die meisten waren in irgendwelchen Kaufhäusern oder Büros. Ira hat ein Zeugnis vom Krankenhaus.“

„Stark!“ Dirka war beeindruckt.

Ich schüttelte den Kopf. „Alles nur Show. Ihr Vater hat ihr das geschrieben. Sie war keinen Tag dort. Felipe war schließlich auf Besuch.“

„Felipe?“

„Na, ihr Exfreund! Mit den Rastazöpfen!“

Dirka grinste. „Habe ich dir überhaupt schon vom letzten Telefonat mit meinem Exfreund erzählt? Er rief mitten in der Nacht hier an, weil ich angeblich noch eine Digitalkamera von ihm habe. Eine Digitalkamera, dass ich nicht lache!“

Endlich waren wir wieder bei Dirkas Lieblingsthema angekommen.

Die Wohnung war dunkel.

„Mom?“

Keine Reaktion. Mir fiel ein, dass sie sich verabredet hatte. Mit Tante Ellen.

Das Licht im Kühlschrank flackerte vorwurfsvoll auf, als ich ihn öffnete. Gähnende Leere.

Mein Handy auf dem Tisch leuchtete.

„Scheiße, Alter. Wo steckst du die ganze Zeit?“

Es war Sven.

Erst jetzt sah ich, dass er in den letzten Stunden dreimal versucht hatte, mich zu erreichen. Ich hatte das Telefon heute Morgen hier vergessen. Nach der Schule war ich direkt mit zu Ira gegangen. Und dann zu Dirka.

„Ich war bei Ira ..."

„Hast du sie endlich ordentlich rangenommen?"

Irgendeine Sicherung in meinem Kopf brannte durch. „Was soll der Scheiß? Kann man sich nicht mal normal mit dir unterhalten?"

Den gleichen Satz hatte ich doch erst vor Kurzem gesagt. Nur bei wem und bei welcher Gelegenheit?

Sven schwieg beleidigt.

„Ich kann das dumme Gelaber echt nicht mehr ab. Weiber, Weiber, Weiber. Und bei der erstbesten Gelegenheit fummelst du an einem Typen herum. An einem hässlichen Typen noch dazu."

Mich wunderte, dass er nicht auflegte.

„Komm runter, Alter. War doch nur Spaß."

Dass er einlenkte, machte ihn sympathisch. Schon tat es mir leid, dass ich ihn so schroff angefahren hatte.

„Hör zu. Ich will dir doch nur die neueste Story erzählen. Marc der Sponk geht jetzt mit Elke!"

Ich verdrehte die Augen. „Welche Elke?"

Sven seufzte. „Na, Elke aus unserer Klasse. Die immer diese furchtbaren Batikkleider trägt! Unsere Klassensprecherin!"

Ich stöhnte auf. „Gott, Marc muss so verzweifelt sein!"

Sven schnaubte. „Oder sie. Ich meine, würdest du freiwillig mit Marc in die Kiste gehen?"

Ich verneinte. Sven schien es überhaupt nicht aufzufallen, dass unsere Unterhaltungen gelegentlich absurde Züge annahmen.

Eine halbe Stunde später rief Ira an.

„Tobi?“ Schweigen.

Mein Herzschlag beschleunigte sich. Ich versuchte, Ruhe auszustrahlen. Ein Kuss ... was war schon ein Kuss. Nichts, was mich gleich umwarf. Sie sollte nicht denken, dass ich jetzt großartige Ansprüche stellte. Dass ich sie einengte und all das. Ob ihre Eltern schon zurück waren? In zehn Minuten könnte ich bei ihr sein.

Auf einmal bereute ich, dass ich nicht dort geblieben war. Aber ich hatte einfach mit jemandem reden müssen. Weil ich so aufgedreht gewesen war. So verliebt.

„Ich hoffe, du verstehst das jetzt nicht falsch, Tobi. Das, was passiert ist. Den Kuss meine ich.“

O nein. Jetzt kam diese Nummer!

„Du bist ein echt guter Kumpel. Ein wirklich guter Kumpel. Zum Quatschen und so. Mit Felipe könnte ich nie so tolle Gespräche führen wie mit dir.“

„Vielen Dank.“ Ein Kloß wuchs in meinem Hals. Wurde dicker. Vielen Dank. Mehr brachte ich nicht heraus.

„Tobi? Sag doch was!“

Mir fiel nichts ein. Ich wollte auflegen. Ich wollte zu ihr fahren. Ihre CD-Sammlung kaputtschlagen. Ihr wehtun. Sie in den Arm nehmen. Irgendwas.

„Wir bleiben doch Freunde, oder?“ Ihre Frage klang zögernd. Bittend. Ira Lassen. Unfassbar.

Ich ballte meine linke Hand zur Faust und grub meine Fingernägel tief in die Haut. „Vielleicht ist es besser, wenn wir uns eine Weile nicht sehen“, hörte ich mich sagen. Es klang erwachsen. Vernünftig. Es hätte ein Satz von Dirka sein können. In meinem Inneren krümmte ich mich. Aber nach außen blieb ich kühl.

Nachdem ich eingehängt hatte, zog ich mich aus und ging ohne Abendessen zu Bett. Ich hatte morgens vergessen, das Fenster zu schließen. Im Zimmer war es eisig. Die reinste Gefrierkammer.

Ich vergrub meinen Kopf unter das kalte Kissen und fing an zu weinen. Alles lief irgendwie daneben.

Ich hatte nicht mehr geheult, seit ich mich mit Dad im Hausflur gezofft hatte. „Geh doch zu deiner blöden Schlampe und lass Mama und mich im Stich!", hatte ich gesagt und er hatte mir eine geknallt. Ich hätte ihn einfach anlächeln müssen. Lässig und überlegen.

Plötzlich kam mir der Kimono in den Sinn. Der Stoff hatte sich seidig angefühlt. Kleine Szenerien waren aufgestickt gewesen. Ein Kranich an einem Weiher. Eine geöffnete Lotusblüte. Das Gesicht einer jungen Japanerin.

Und Alex war jetzt endlich wieder aufgeräumt. In seinem seltsamen Internat, weit weg. Zu weit weg, um für Verwirrung zu sorgen.

Ich griff zwischen meine Beine und fasste vorsichtig an meinen Schwanz, der wahrscheinlich nie von jemand anderem berührt werden würde als von mir. Crazy son, still living with his Mom. Fucking himself in never ending desolation.

Ich dachte an Ira, wie ich mich über sie gebeugt hatte. Wie sie ihren Mund geöffnet hatte. Fordernd, drängend. In Gedanken hielt sie meine Hand nicht fest, die an ihrem Körper hinunterwanderte. In meiner Phantasie stöhnte sie lustvoll auf und meine Handbewegung wurde schneller. Ira. Ira. Ira.

Dirka. Britta. Jasmin. Felipe. Alex. So viele Leute hatte ich in den letzten Wochen kennengelernt, die es alle irgendwie geschafft hatten, mich aus der Bahn zu werfen. Immer noch liefen mir Tränen über das Gesicht. Ich flennte wie ein Kleinkind und konnte es einfach nicht abstellen.

Mechanisch machte ich weiter mit meinem einsamen Liebesspiel. Der Kuss. Die Sommersprossen. Ein Kimono und die nackte Haut unter den weiten Ärmeln. Ich kam plötzlich, befreiend.

Endlich kehrte wieder Ruhe ein. Mein Körper lag erschöpft da. Leer geweint. Leer gewichst. Müde rollte ich mich wie ein Embryo zusammen. So, wie es Jasmin gemacht hatte, in der Silvesternacht. Weil sie niemanden gehabt hatte, an dem sie sich festhalten konnte. Allein wie Alex im Zimmer nebenan. Der dann hinter der Tür verschwunden war, an die ich sekundenlang meine zitternde Hand gepresst hatte.

März

Januar, Februar. Die Wochen rasten dahin. In der Schule machte sich eine leichte Panik bemerkbar. Ein paar Leute hatten beschlossen, nach der mittleren Reife aufzuhören. Endlich Geld verdienen, ein eigenes Auto! Ich ließ mich von dieser Stimmung nicht anstecken. Wenn es irgendwie ging, wollte ich das komplette Programm durchziehen. Abitur und danach Studium. Aber das lag noch in so weiter Ferne!

Ira bemühte sich, mir aus dem Weg zu gehen. Wir grüßten uns. Unterhielten uns manchmal kurz über Nebensächlichkeiten. Just friends. Lying on a Flokati.

Auch der Kontakt mit Sven wurde seltener. Ich konnte nicht sagen, woran es lag. Auf eine seltsame Art sehnte ich mich danach, allein zu sein. Ich brauchte einfach eine Pause von den anderen.

Sven hatte wieder angefangen mit Karate. Außerdem jobbte er im Bistro eines Sportstudios. Wegen der Aerobic-Bräute, wie er mir verriet. Ich wusste es besser, weil ich seine Mutter zufällig in der Stadt getroffen hatte.

„Sven will im kommenden Schuljahr ein Austauschprogramm in die USA machen und spart für das Flugticket."

Es gab mir einen Stich, dass er mir nicht davon erzählt hatte. Aber vielleicht musste das so sein. Vielleicht war es an der Zeit, dass wir uns um unseren eigenen Kram kümmerten. Etwas aus unserem Leben machten.

Mit Dirka traf ich mich dafür regelmäßig. Bei ihr zu Hause oder in einem Café in der Innenstadt, das sie entdeckt hatte. Es gab dort arabische Süßigkeiten und schwarzen starken Tee aus einem silbernen Samowar. Man konnte in schillernd bunten Sitzecken hocken oder es sich auf dem Boden bequem machen. Nur ihren Mann lernte ich nie ken-

Samowar *Gefäß zur Teezubereitung (aus Russland)*

nen. Immer war er unterwegs oder hatte keine Zeit. Michael. Manchmal überlegte ich mir, ob es ihn überhaupt gab.

Jetzt war Anfang März und eine allgemeine Wintermüdigkeit machte sich breit. Wir alle hatten uns satt gesehen an dem Schnee und der ewigen Dunkelheit. „Frühling!", kritzelte ich in mein Matheheft und versah das Wort mit hundert Ausrufezeichen.

„Hast du nächsten Freitag Zeit?"

Ich hatte nicht bemerkt, dass Ira hinter mich getreten war. Ich stand am Getränkeautomaten und versuchte, mein Geld zurückzubekommen. Das blöde Ding hatte meine Münze geschluckt, aber nichts dafür rausgerückt. Zornig drückte ich auf den roten Knopf. Nichts geschah.

„Am Zehnten?"

Ich starrte auf Iras Sommersprossen und ein unsagbar trauriges Gefühl überkam mich.

„Mein Vater hat runden Geburtstag." Ira schob mich beiseite, trat mit einem festen Tritt gegen den Automaten und gab mir mein Geld zurück.

„Er wird 50 und hat dich ausdrücklich zu seiner Feier eingeladen."

Warum das denn? Eigentlich hatte ich für den Rest meines Lebens genug von Partys im Hause Lassen. Nie wieder würde ich entspannt einen Joint rauchen können. Eine rote Wachskerze anschauen können. Neuaufnahmen von Rio Reiser hören.

„Wahrscheinlich habe ich schon was vor." Die Abfuhr war so direkt, dass sie unhöflich war.

„Überleg es dir noch mal", sagte Ira. „Es kommen eine Menge Leute. Großes Büfett und so. Und Alex gibt ein kleines Hauskonzert."

Mein Puls beschleunigte sich. Ich merkte es. Es nervte. Aber ich konnte es nicht beeinflussen.

„Ein Hauskonzert?“

Soli *Plural von Solo; hier: Musikstück für ein einzelnes Instrument*

„Er spielt ein paar Cello-Soli. Wir sind so eine scheißelitäre Familie. Aber was soll’s. Ist schließlich das Einzige, das er wirklich kann.“ Ich fragte mich, was Alex denken würde, wenn er wüsste, wie Ira manchmal über ihn sprach.

„Ich überlege es mir. Wann fängt das Ganze an?“ Ira schien erleichtert über die erste, vorsichtige Annäherung.

„Um sieben. Es reicht, wenn du kurz vorher kommst.“

Mom saß am Küchentisch und löste ein Kreuzworträtsel. Sie hatte erst vor Kurzem damit angefangen. Außerdem lernte sie schon heimlich für den Sprachkurs im Sommer. Ich hatte ein Vokabelheft unter einem Sofakissen entdeckt und mich gewundert, warum sie es vor mir geheim hielt. Ob sie dachte, dass ich mich lustig über sie machen würde?

lethargisch *teilnahmslos, gleichgültig, träge*

Mom flog nach London. Sven in die USA. Ich war offensichtlich der Einzige, der weiterhin lethargisch zu Hause abhing und darauf wartete, dass sein Leben sich veränderte.

„Was ist das Gegenteil von Liebe?“

Mom kaute konzentriert an ihrem Kuli und ich setzte mich auf die Ablage. Sie konnte das nicht ausstehen, weil sie immer Angst hatte, dass das ganze Teil unter mir zusammenbrach. Aber es war solide gebaut. Irgendwann hatte sie es aufgegeben, mich deswegen zu ermahnen.

„Hass? Wie viel Buchstaben hat es denn?“

„17.“

Wir sahen uns ratlos an.

„Was hast du an deinem freien Tag gemacht?“

Ich hatte am Morgen vergessen, sie zu fragen. Aber ich hatte den Eintrag im Kalender gesehen. „Freier Tag“. Seltsam eigentlich. Mitten unter der Woche.

„Ich habe einen Stadtbummel gemacht und bin deinem Vater und seiner Neuen in die Arme gelaufen."

Ich rutschte ungläubig von der Ablage herunter und starrte sie mit großen Augen an. „Du bist was?"

Sie legte ihren Stift beiseite.

„Blond. Jung. Mit dem Bauch sieht sie aus wie die schwangere Ausgabe von Britney Spears. Dein Vater ist einfach unverbesserlich."

Ich nickte sprachlos.

Sie streckte ihre Hand in die Luft. „Fällt dir was auf?"

Ich hoffte, sie hatte Blondie nicht eine runtergehauen.

„Keine Ahnung. Mom, ist alles in Ordnung mit dir?"

Sie nickte. „In bester Ordnung. Seit heute bin ich endlich ein Single!"

Begriffsstutzig stand ich in der Küche. Dann fiel der Groschen. Eine Hand ohne Ring. Endlich hatte meine Mutter sich von dem überflüssigen Schmuckstück getrennt.

„O Mann. Was hast du mit dem Ding gemacht?"

„Ich habe ihn in den Fluss geworfen." Mom nickte stolz.

Ich dachte an E-Bay. Mist. Sie hätte ihn mir überlassen können. Sicherlich war er einiges wert gewesen.

„Und jetzt geht es dir gut?"

Mom wirkte wie immer. Ein bisschen aufgedreht. Wie unter Drogen.

„Besser denn je!"

Sie stand auf, holte sich einen Kirschjoghurt aus dem Kühlschrank und begann ihn hastig auszulöffeln. Das war eine ihrer Unsitten. Sie schaffte einen Becher in zehn Sekunden.

„Ich hatte die ganze Zeit Angst, ihn wiederzusehen. Weißt du, all der Frust, der sich angestaut hatte. Aber dann ..." Sie warf den leeren Plastikbecher in das Spülbecken und schleckte den Löffel ab. „Als er dann auf mich zugetrottet kam, mit dieser Kleinen im Schlepptau ... Dieses unglaublich wichtige Getue. Als hätte er die Welt erfunden! Und immer noch stopft er sich das Hemd wie eine Wurst in den Hosenbund! Auf einmal merkte ich, dass sich all der Hass in Gleichgültigkeit gewandelt hatte!“

Sie wirkte tatsächlich gelöst. Super-Mom. Power-Mom. In ein paar Tagen würde ich Dad anrufen und ihn nach seiner Version der Geschichte fragen.

Sie nahm mich in die Arme und gab mir einen klebrigen Joghurt-Kuss auf die Stirn.

„Armer Tobi, bald ist es so weit!“

Ich verstand nicht und schaute sie fragend an.

„Gibst du mich jetzt zur Adoption frei?“

Sie lachte. „Quatsch. Aber wie es aussieht, bist du demnächst ein Scheidungskind! Und egal, was in deinem Leben schief läuft, du kannst es immer auf die gescheiterte Ehe deiner Eltern schieben!“

Das sollte wohl ein Witz sein. Ich fand es nicht wirklich komisch.

„Gehen wir essen? Ich lade dich ein!“ Mit meiner Mutter schien es bergauf zu gehen.

Déjà vu *(französisch = schon einmal gesehen); hier: ein sich scheinbar wiederholendes Ereignis*

Déjà vu. Schon wieder vor dem Hauseingang der Lassens. Mir kam es so vor, als würde sich mein ganzes Leben seit einigen Monaten auf diese einzelnen Momente konzentrieren. Auf die Haustür der Lassens. Drinnen Geräusche. Gelächter. Musik. Und ich: hier draußen. Vielleicht wäre es besser gewesen, daheim zu bleiben.

Ich bewegte meine Hand auf die Klingel zu, aber ehe ich daraufdrücken konnte, wurde die Tür auch schon aufgerissen. Erschrocken starrte mich mein Gegenüber an. Eine fremde Frau. Mittelalt. Mittelgroß.

„Entschuldigung." Sie grinste mich an. „Wollte nur rasch an die frische Luft." Sie wedelte demonstrativ mit einer Packung Zigaretten vor meiner Nase herum. „In diesem gesunden Haushalt muss man zum Rauchen nämlich vor die Tür!" Energisch stapfte sie an mir vorbei und zündete sich beim Gehen eine Zigarette an.

Ich schaute ihr hinterher und ging dann nach drinnen.

„Tobi?", fragte mich Ira überrascht, die eben ein Tablett mit Sektgläsern aus der Küche balancierte. „Wie bist du denn hier hereingekommen? Hast du geklingelt?"

Ohne eine Antwort abzuwarten, trug sie ihre wackelige Fracht hinüber in das Esszimmer.

Ich folgte ihr in sicherer Entfernung. Sie trug eine Hose aus braunem Leder, die ich noch nie an ihr gesehen hatte. Außerdem hatte sie eine neue Perücke. Feurig rote Locken. Alles in allem sah sie aus wie die perfekte Rockerbraut.

Der Raum war voller Leute, die in kleinen Grüppchen herumstanden. Die Lassen-Sippschaft und dazwischen ein paar verlorene Freunde des Hausherrn. Wenn man genau hinschaute, konnte man klar erkennen, wer zur Verwandtschaft gehörte.

Ira teilte die Gläser aus und kam eilig zu mir zurück. „Furchtbar, oder? Und das ist fast nur Verwandtschaft. Mit den Kollegen aus dem Krankenhaus feiert Papa morgen."

Ich lächelte sie an. Ira. Nur an ihr sahen solche Lederhosen nicht völlig daneben aus. Nur sie konnte mit so einer Frisur durch die Gegend laufen.

Felipe erhob sich aus dem schweren Lesesessel am Ende des Raumes und schlenderte lässig auf uns zu. Mein Lächeln gefror.

„Lange nicht gesehen!"

Zum ersten Mal ein Beweis, dass Felipe sprechen konnte. Widerwillig streckte auch ich ihm die Hand entgegen.

Seine Rastas hingen unordentlich an ihm herab. Jetzt, bei diesem Licht, sah ich auch, dass sie in einem rötlichen Ton gefärbt waren. Henna? Schmierte er sich etwa diese Pampe auf den Kopf? Er steckte in gewaschenen Hosen und einem teuren Samt-Sakko.

„Ihr entschuldigt mich?“ Das hatte ich in einem Film gehört. Diesen dämlichen Satz. Ihr entschuldigt? Ich steuerte zielsicher auf Iras Vater zu, der sich gerade aus einem Gespräch befreien konnte.

„Gratulation.“ Mir war nicht klar, was ich sagen sollte. Happy Birthday! Alles Gute, alter Sack. Gib mir endlich deine Tochter und schmeiß diesen Idioten von Felipe aus dem Haus!

Iras Vater legte verschwörerisch den Arm um meine Schulter. „Tobias, mein Freund.“

Mein Freund? Iras Mutter reichte mir einen Drink. Campari mit Orangensaft. Den hatten meine Eltern früher auch immer gemacht. Neben dem Strohhalm steckte ein hellgelber Sonnenschirm aus Papier. Diese Dinger kamen wohl auch nie aus der Mode. Ich ging zurück in den Flur, wo mein Rucksack lag, und nahm mein Geschenk heraus. Ein ziemlich dummes T-Shirt mit einem Witz. „Ich bin 50! Bitte helfen Sie mir über die Straße!“ Ich hatte es nur wegen dem Spruch genommen. Mir war einfach nichts Besseres eingefallen, und als ich es gekauft hatte, hatte ich es komisch gefunden. Jetzt überlegte ich mir, bei welcher Gelegenheit Herr Lassen das Shirt wohl anziehen konnte. Beim Tennis? Was trugen Ärzte eigentlich unter ihren Kitteln?

Ich hörte Schritte auf den Stufen und schaute hoch. Langsam. Alex kam die Treppe herunter.

Babum. Babum. Mein Puls beschleunigte sich. Ich wollte es nicht. Wollte es nicht. Wollte nicht. Nicht ...

Er blieb vor mir stehen. „Oh, wie schön. Zur Abwechslung mal in nüchternem Zustand."

Ich wurde rot.

Er trug wieder schwarze Klamotten. Einen Rollkragenpullover. Die Haare waren nach hinten gebunden. Haarschmuck. Haarschmuck? Er hatte tatsächlich eine Art Kamm in den Haaren stecken. Ich starrte das Ding an.

„Schildpatt. Ich habe es auf einem Antiquitätenmarkt gekauft. In Italien."

Schildpatt *hornartige Platten des Schildkrötenpanzers*

Aha.

„Sieht hübsch aus."

Langsam fing ich schon an, mich nicht mehr zu wundern. Langsam fing all das an, Normalität zu werden. Dieses Gesicht. Das Parfüm. Ein Glitzerding im Haar.

„Die Steine sind nur aus Strass. Aber ursprünglich waren wohl kleine Halbdiamanten eingesetzt."

Strass *Edelsteinnachbildungen aus Glas*

Nur aus Strass. Ich unterhielt mich allen Ernstes mit einem Typen über Glitzerkram.

Ira stolperte aus dem Esszimmer. Sie hatte Felipe im Schlepptau, der seine Arme um ihre Hüften geschlungen hatte. Meine Hüften. Tobias Krugs Hüften. Der einzige Mann des Universums, der diesen Hüften den angemessenen Respekt entgegenbringen würde. Als sie uns sahen, hörten sie sofort auf herumzualbern. The animal ließ seine Hände anständig in den Hosentaschen verschwinden.

„He, Alex." Ira war außer Atem. „Da drinnen warten alle auf deinen grandiosen Einsatz."

Die Geschwister standen sich gegenüber. Zwillinge. Ich versuchte mir vorzustellen, wie die beiden als Kinder gewesen waren. Heimlich im Zimmer, wo sie Alex die Kleider von Ira anprobierten. Es gelang mir nicht. Als Kind hatte ich Lego gespielt. Playmobil. Das hier kam mir vor wie aus einem Film im Spätprogramm. Ausgedacht. Viel-

Applaus. Die Frau, die bei meiner Ankunft mit ihren Zigaretten nach draußen geflüchtet war, schwenkte ihre Videokamera über die Geburtstagsgesellschaft. Cheese. Ein aufgesetztes Lächeln. Und wir waren konserviert für die Ewigkeit.

Alex stand von seinem Schemel auf und stellte sein Cello behutsam zur Seite. Die Leute, die die vorderen Plätze besetzt hatten, erhoben sich und trugen ihre Stühle wieder zum Tisch, an dem eben die Vorspeise serviert wurde. Avocadosalat mit Shrimps. In der Küche hörte man einen Sektkorken knallen. Ein paar Gäste gratulierten Alex.

Hauskonzert. Mir fiel ein Familienfest ein, bei dem meine Mutter und ich auch etwas vorgespielt hatten. War es Tante Ellens Geburtstag gewesen? Ich auf der Blockflöte und sie auf der Gitarre. So sahen die Hauskonzerte bei Familie Krug aus. Mein Vater hatte sich halb krummgelacht. Auf dem nächsten Flohmarkt hatte Mom ihre Gitarre wieder verkauft. Und die Flöte? Keine Ahnung, was mit der passiert war.

Ich kämpfte mich durch die Verwandten vor bis zu Alex. „Mensch. Das war echt gut."

Ich hatte bislang nicht gewusst, dass man mit nur einem Instrument ein Konzert bestreiten konnte.

Alex lächelte. „Magst du klassische Musik? Machst ehrlich gesagt gar nicht den Eindruck."

Ich wurde rot. „Was hast du da gespielt?"

Ein Onkel von Alex drängte sich zwischen uns und klopfte seinem Neffen unsanft auf den Rücken. Dann griff er ihm ins Schulterblatt, als wollte er es ausreißen.

„Junge, du hast so ein großartiges Talent!"

Seine Stimme war unangenehm. Eine Oktave zu tief. Eine Spur zu laut.

Oktave
acht Tonstufen

Alex befreite sich aus seinem Klammergriff. „Danke, Onkel Horst.“

Ich zuckte zusammen. Onkel Horst? War das nicht der Vater von Britta und Jasmin? Beunruhigt sah ich mich im Raum um, konnte die beiden blonden Schwestern aber nirgends entdecken.

Onkel Horst musterte Alex aufmerksam. „Alex, Alex. Aus dir wird ein richtig fescher Mann.“ Er hob verschwörerisch die Augenbrauen, packte ihn dann aber grob an seinem Pferdeschwanz. „Allerdings wird es nun wirklich Zeit, dass du dir eine passende Herrenfrisur schneiden lässt. Aus dem Alter bist du doch wirklich raus!“

Aus welchem Alter? Aus dem Alter, in dem man als Junge lange Haare hat? Aus dem Alter, in dem man sich einen Schildpattkamm ins Haar steckt?

Er fuhr mit dem Fingernagel über den Haarschmuck. „Trägt man das heute so? Ist das nicht etwas für Mädchen?“

„Ja, Onkel Horst.“ Alex fasste mich am Ellenbogen. „Onkel Horst, das ist übrigens Tobias. Der Junge, wegen dem Britta und Jasmin heute nicht mitkommen wollten.“

Onkel Horst öffnete den Mund, als wollte er etwas sagen. Für einen Moment wirkte er wie ein Fisch, der auf dem Trockenen gelandet ist und erfolglos nach Luft schnappt. Dann schloss er den Mund aber wieder und wandte sich wortlos ab.

„Das war fies.“

Alex schüttelte den Kopf. „Er ist ein Idiot. Der älteste Bruder meines Vaters. Wenn du wüsstest, was der sonst noch für Sprüche loslässt.“

Aus dem Augenwinkel sah ich, dass Ira und Felipe wieder in den Raum kamen. Ich checkte die Gesichter nach etwas Verräterischem. Rote Wangen? Leuchtende Augen?

Sie wirkten unverändert und platzierten sich am linken Ende des Tisches. Das Konzert hatte auf jeden Fall ohne sie stattgefunden.

„Bach."

„Was?"

Ich riss mich aus meinen Gedanken und starrte Alex an. Ich bemerkte zum ersten Mal die Sprenkel in seiner Iris. Gelbe Tuschespritzer. Als wäre ein Stern explodiert.

„Ich habe zwei Bach-Soli gespielt."

Mir fiel wieder ein, dass ich ihn danach gefragt hatte, ehe Onkel Horst uns unterbrochen hatte.

„Das war schön."

Alex lächelte.

„Hast du morgen Abend Zeit?"

Babum. Babum. Heute. Morgen. Übermorgen. Mir kam es plötzlich so vor, als wäre der komplette Raum verstummt. Als starrten uns alle an. Als wäre der Moment in Stickstoff eingefroren.

„Warum?"

Warum fing ich plötzlich so an zu schwitzen? Warum? Warum? Warum? Ich bemerkte, dass er sich die Wimpern tuschte. Man konnte es nur erkennen, wenn man ihn ganz genau anschaute. Ihm direkt gegenüberstand. So nah wie ich jetzt. Vielleicht war es das. Vielleicht sah er deshalb so verdammt feminin aus.

„Wir könnten was unternehmen. Kino oder so? Vielleicht auch was essen gehen?"

Zwei Arme umfassten uns. Alex' Vater war zwischen uns getreten. „Na, Jungs. Schmiedet ihr Pläne?" Er lachte und klopfte uns mit jeweils einer Hand auf die Schultern. „Wenn ich noch mal so jung wäre wie ihr!" Es klang nicht ernst. Eine Floskel.

„Was dann?"

Bach *Johann Sebastian Bach, deutscher Komponist (1685–1750)*

Iris *Regenbogenhaut des Auges*

feminin *weiblich*

Es war mir herausgerutscht. Herr Lassen wirkte ratlos. Ertappt. Meine Frage brachte zu viel Ernst in sein belangloses Gerede. Er ließ uns wieder los.

„Nur nichts anbrennen lassen, Jungs. Der Alk ist billig! Die Mädchen sind willig!“

So würde sich Sven bestimmt in dreißig Jahren anhören. Vermutlich würde Herr Lassen das T-Shirt doch ganz lustig finden.

Lost

Wie viele Augenblicke hat ein Tag? 24 Stunden. 1440 Minuten. 86400 Sekunden. 115200 Herzschläge. Babum. Babum. Babum.

Um zwölf rief ich bei meinem Vater an. Seit dem unfreiwilligen Zusammentreffen meiner Eltern vor einer Woche hatte ich es nicht geschafft, mich bei ihm zu melden. Na ja, eher keinen Bock gehabt.

Mom stand in der Küche über dem Dampfkochtopf und pellte Kartoffeln. Ich zog vorsichtig die Tür zu.

„Dad? Hallo! Wollte mich mal wieder melden."

Er schien sich zu freuen. Vielleicht war er auch ein bisschen überrascht.

„Oh, schön. Blandine geht es übrigens blendend. Die Schwangerschaft schreitet gut voran. Wir machen gerade so ein Ernährungsprogramm. Vater-Mutter-Kind. In dem Fall wohl eher Vater-Mutter-Embryo, was, Tobi!"

Ich lachte, um nicht als Spaßverderber dazustehen.

„Ihr habt Mama in der Einkaufsgalerie getroffen." Endlich war es gesagt. Der eigentliche Grund meines Anrufs.

Dad schnaufte.

„Deine Mutter hat das sicherlich ziemlich mitgenommen. Sie konnte mit der Situation nur schwer umgehen."

Ich hörte sie in der Küche pfeifen. Fröhlich, gelassen. Trotzdem gab mir der Kommentar einen Stich. Obwohl ich wusste, dass er nicht wirklich stimmte. Nicht mehr.

„Aber wenn man alles versucht hat, Tobi ... Na ja. Das wirst du irgendwann auch verstehen."

Irgendwann. Da war ich ja mal gespannt.

Später am Nachmittag las ich den Comic, den ich mir von Dirka ausgeliehen hatte. Er handelte von einem Jungen und seinem Plüschtiger. Die Bildergeschichten waren witzig. Viel lustiger als das doofe T-Shirt, das ich für Herrn Lassen gekauft hatte. Nächstes Mal würde ich mich von Dirka beraten lassen. Sie hatte einfach den besseren Geschmack.

Kleiderschrank. Hose. Shirt. Doch den Pullover. Vielleicht ein Hemd? Ich zog die Hose wieder aus und schlüpfte in die neue, die ich Silvester getragen hatte. Zog sie wieder aus. Es sollte nicht so aussehen, als hätte ich nur ein paar Hosen im Schrank hängen. Die Jeans. Jeans passten eigentlich immer.

19 Uhr 23, 19 Uhr 24, 19 Uhr 25, 19 Uhr 26.

„Tobi. Draußen wartet jemand auf dich. Ein Mädchen."

Mom stellte sich hinter meinen Schreibtisch und schaute mir neugierig über die Schulter.

„Was machst du da?"

„Hausaufgaben", sagte ich. „Meine Noten müssen besser werden."

Ich erhob mich von meinem Bürostuhl. Ein Mädchen.

Im Hausflur stand Alex. Er hatte wieder diesen Schildpattkamm im Haar, den er auch gestern, auf der Geburtstagsfeier, getragen hatte. Einen Moment lang überlegte ich, die Aktion abzublasen. Nierenversagen vorzutäuschen. Ins Koma zu fallen. Wenn ein Mensch mich mit Alex in der Stadt sah, war ich für alle Zeiten erledigt. Das war einfach eine Nummer größer, als in besoffenem Zustand mit Marc herumzufummeln. Mit einer brünetten Kosmetikerin befreundet zu sein. Das war kurz davor, einen echten Skandal abzugeben.

„Wartest du einen Moment?"

Ich hatte keinen Bock, Alex in mein Zimmer zu lassen. Nie mehr würde ich einem fremden Mädchen ... einem fremden Jungen mein Zimmer zeigen. Erst, wenn ich umgebaut hatte. Umgeräumt. Neue Möbel mussten her.

Ich griff mir meine Jacke vom Haken. Mom hatte sich schon wieder ins Wohnzimmer verkrochen. Als ich die Tür aufriss, sah sie erschrocken von ihrem Vokabelheft hoch.

„Kannst du nicht anklopfen?“

Ich starrte sie verwirrt an.

„Mama. Das ist das Wohnzimmer. Unser Wohnzimmer!“

Sie legte ihr Vokabelheft beiseite.

„Entschuldigung. Ich war gerade beschäftigt.“

„Ich gehe in die Stadt. Brauchst nicht auf mich zu warten.“

Sie nickte. „Wer ist das Mädchen?“

Ich merkte, wie ich rot wurde. I’m on fire. Wahrscheinlich glühte ich.

„Habe ich auf einer Party kennengelernt. Ist aber übrigens ein Junge. Heißt Alex. Er spielt Cello.“

Mom hob überrascht die Brauen. Ich sah etwas in ihren Augen, das ich noch nicht kannte. Ein Alarmsignal. Angst.

Zum ersten Mal in meinem Leben wurde mir bewusst, dass wir beide uns ziemlich fremd waren. Wir lebten zusammen. Wir unterhielten uns. Aber es gab eine Ebene, auf der wir uns niemals treffen würden. Die Ebene der versteckten Vokabelhefte und weggeworfenen Eheringe. Die Ebene, auf der Alex sich lächelnd einen Schildpattkamm ins Haar steckte.

„Was jetzt?“

Wir standen vor unserem Haus. Mietskaserne. My home is my castle. Ich war der König des Wohnblockgettos. Und meine Mutter, Queen Mom, stand irritiert oben am Fenster und linste durch die Gardinen.

„Wir könnten bei einer guten Freundin von mir vorbeischauen, die dich gerne kennenlernen will. Sie hat uns zum Abendessen eingeladen.“ Überfall. Ich hoffte, Alex nahm es mir nicht übel.

Er zuckte mit den Schultern. „Eingeladen? Sie kennt mich doch gar nicht.“

Ich dachte an Dirka. „Sie mag Cello.“

Eine Lüge.

Wortlos liefen wir los. Zwei Jungs auf ihrem Weg durch die City. Durch den Stadtpark, den der anhaltende Regen in eine matschige Sumpflandschaft verwandelt hatte. Das Wasser im Brunnen war abgelassen worden und die steinerne Skulptur war voller weißer Taubenkacke. Es sah aus, als hätte jemand einen Eimer Tipp-Ex über die Figur gegossen.

Vorbei am Schwimmbad, das unbeleuchtet neben uns lag. „Vor Fußpilz schützen!“ Das Plakat hing direkt neben der Tafel mit den Öffnungszeiten. Verdarb einem vollkommen die Lust am Schwimmen.

Die Tankstelle. Der Typ, der Samstagabend immer Dienst hatte, lehnte gelangweilt auf dem Tresen und glotzte auf einen kleinen Fernsehbildschirm über ihm. Er mampfte an einem Schokoriegel, und ich fragte mich, ob er das Ding bezahlt hatte.

Vor der Mozartstraße 7 blieben wir stehen. Verharrten einen Augenblick. Ich klingelte ganz oben. Der Summer ging.

„Hallo, Tobi!“ Dirka starrte Alex neugierig an. „Aha. Du bist also Alex.“ Sie reichte ihm die Hand und nahm uns die Jacken ab. „Wollt ihr einen kleinen Drink?“

Dirka war aufgeregt. Kleiner Drink? Ich dachte an das Leitungswasser, das ich normalerweise bekam, wenn ich bei ihr vorbeischneite.

„Prosecco oder Martini?"

Wir wählten aus und nahmen unschlüssig auf der Sofaecke Platz.

Nebeneinander.

Zwei Jungs eingerahmt von leuchtend roten Plüschkissen.

Auf einmal kam mir der Raum zu farbig vor. Das knallige Rot. Das leuchtende Gelb. Als hätte jemand die Farbskala am Fernseher falsch eingestellt.

Dirka grinste. „Tobi hat erzählt, dass du Cello spielst." Erleichtert atmete ich auf. Wir hatten nichts abgesprochen. Aber nun wurde meine Lüge glaubhaft. Dirka, die Cello-Spezialistin. Im Hintergrund lief leise eine Techno-CD.

„Und du?" Alex stellte seinen Martini zur Seite und schaute auf Dirkas Tätowierung am linken Armgelenk.

„Ich bin Kosmetikerin. Angefangen habe ich bei einer Musical-Agentur. Musste die Mädchen für die Bühne stylen. Wir sind einmal durch ganz England getourt."

Dirka, das Buch mit sieben Siegeln! Kein Wort hatte sie mir davon erzählt.

„Klingt spannend!", sagte Alex.

Dirka zuckte mit den Schultern. „Ein Knochenjob. Und die Schauspielerinnen sind manchmal ganz schön unfreundlich." Sie erzählte ein paar Geschichten aus ihren ersten Arbeitsjahren. Kleine Anekdoten. Ein neues Bild von Dirka schob sich in meinen Kopf. Sie in London, hinter einer Musical-Bühne. Wie ein Puzzlestück passte sich der neue Eindruck neben das Bild mit dem Bahnhofsplatz ein.

Schließlich holte Dirka den großen Kochtopf aus der Küche. Sie nahm Geschirr aus dem Schrank und teilte eine Runde Chili aus. Die Teller waren getöpfert und wirkten seltsam fehl am Platz. Altmodisch. In diesem Sammelsurium aus Neonfarbe und modernem Design sahen sie aus wie ein Überbleibsel aus der Steinzeit.

„Es ist toll, was man mit Schminke alles machen kann. Das gefällt mir so an meinem Job.“ Dirka nahm drei Weingläser aus der Vitrine und stellte sie vor uns ab. „Rot oder weiß?“ Wir studierten die Etiketten, als hätten wir Ahnung, und tippten dann wahllos eine Flasche an. Verlegen prosteten wir uns zu.

„Weniger ist meistens mehr. Nur, wenn man wirklich dick aufträgt, sieht es unecht aus. Man muss so einen Mittelweg finden.“ Ihr Blick blieb an Alex’ Wimpern hängen. „Mit deinen Haaren könnte man auch toll was machen.“

Ich verbrannte mich am Chili und fasste mir reflexartig an den Mund. Irritiert sah ich Dirka an. Dann Alex. Schließlich trank ich einen großen Schluck Weißwein und widmete mich wieder meinem Abendessen.

„Du hast tolles Haar! Gesund und überhaupt nicht brüchig.“

Das Gespräch war absurd. Ich fühlte mich wie in einer Comedy-Serie gefangen. Oder bei Versteckte Kamera. Der große Tuntentest! Wo war der Regieassistent, der alles als großen Witz offenbarte?

Alex antwortete ausweichend. Nur nicht festnageln lassen! Als ginge es um ein Bewerbungsgespräch, in dem er keine eindeutige Position einnehmen durfte.

Ich nahm den leeren Topf und verschwand in der Küche. Erst jetzt fiel mir auf, dass Dirka neben Michaels Foto einen Schnappschuss von mir gehängt hatte. Darüber war ein dickes Fragezeichen gemalt. Langsam räumte ich die Spülmaschine ein. Messer, das Brett. Den sauber ausgekratzten Topf. Aus dem Wohnzimmer konnte ich Wortfetzen hören.

Die Automatik der Spülmaschine sprang gurgelnd an und zwei Lichter begannen zu leuchten.

Vor dem Foto von Michael blieb ich stehen. Ob Dirka ihn mir jemals vorstellen würde? Würde ich Alex meinem Vater vorstellen? Vermutlich nicht.

„Na, hast du den Abwasch erledigt?“ Dirka und Alex warfen mir einen amüsierten Blick zu. „Oder hast du das Eisfach leer gefuttert? Du warst ganz schön lange weg.“

Dirka saß jetzt an meinem Platz. Ich hockte mich den beiden gegenüber.

Alex’ Weinglas war leer. Wenn wir so weitermachten, würden wir noch vor neun Uhr sturzbetrunken sein. Ich dachte an Sven und beschloss, mich den restlichen Abend an Wasser zu halten. Nur keine unüberlegten Aktionen. Nur keinen Rausch provozieren.

„Alex und ich wollten eine Kleinigkeit ausprobieren.“

Ich ahnte nichts Gutes. Ich hätte erst gar nicht mit ihm zu Dirka kommen sollen.

Dirka stand auf und holte einen Kosmetikkoffer aus dem Bad. Ich versuchte, Alex’ Blick einzufangen. Aber er wich mir nervös aus. Starrte die Aquarelle an der Wand an.

„Warum hast du mich hierher geschleppt?“, fragte er schließlich. Es klang nicht vorwurfsvoll. Ein bisschen bedrückt vielleicht. Ängstlich.

Ich zuckte mit den Schultern. „Sie wollte dich kennenlernen.“

Alex seufzte. „Ich bin betrunken. Pass auf, dass ich mich nicht zum Idioten mache.“

Dirka kam zurück und warf Alex einen lindgrünen Angorapullover zu. „Willst du mal anprobieren? Du hast schmale Schultern. Das könnte passen.“

Sie half Alex aus seinem Sweatshirt und ich wandte mein Gesicht ab. Bescheuert, er war ein Junge. Ich hob den Kopf wieder und starrte ihn an. Sein Oberkörper war schlank, aber muskulös. Rasiert. Unter den Achseln. Von hinten sah er vermutlich aus wie eine Frau.

Dirka half ihm in den Pullover. V-Ausschnitt.

„Es gibt spezielle BHs." Dirka redete leise. Das Gespräch war nicht für mich bestimmt. „Für Frauen mit zu kleinen Brüsten. Oder für Leute wie dich. Sie sind mit Schaumstoff gefüllt. Oder aus gefühlsechtem Material. Teuer. Aber man merkt den Unterschied nicht. Ich meine, wenn jemand mit der Hand die Brust berührt."

Ich schenkte mir ein weiteres Glas Wein ein. Saß ich wirklich hier? Mit dem Bruder einer Mitschülerin? Der sich von meiner besten Freundin beraten ließ, wie er sich künstliche Titten basteln konnte? Gefühlsecht? Ich dachte an Britta. Die Fälschung hatte ich sofort erkannt.

Der Pullover stand ihm. Keine Ahnung, warum. Keine Ahnung, warum das alles so passte. Der Schildpattkamm, das Parfüm. Dieser Scheißkimono. Dieser lindgrüne Pullover, den eigentlich Dirka trug. Und wahrscheinlich würden ihm sogar gefühlsechte Brüste stehen. Wie ihm all das stand. Auf eine verhexte Art und Weise.

Dirka nahm ihm den Kamm aus dem Haar und legte ihn auf den Tisch. „Du kannst mit deinen Haaren viel mehr experimentieren, Alex. Du kannst es dir leisten." Sie nahm ein paar schwarze Haarklammern und werkelte auf Alex' Kopf herum. Flocht ein paar Strähnen nach oben. Ein wilder Knoten. Die Haarspitzen standen frech in alle Richtungen weg. Jetzt sah er wirklich aus wie eine Frau. Ein Mädchen in einem lindgrünen Angorapullover. Ein Wohlfühlpullover.

Dirka öffnete ihren Schminkkoffer. Runzelte die Stirn. Sie fragte Alex nicht einmal mehr. Als wäre es normal, einem Kerl im Gesicht herumzumalen.

„Du bist eher der erdige Typ.“

Ich unterdrückte ein Lachen. Erdig? Männlich, würde ich sagen. Fassungslos starrte ich die beiden an. Umklammerte mein Glas. Mir wurde heiß.

„Du brauchst eher gedeckte Töne. Kupfer, Bronze. Keine knalligen Farben!“ Sie testete einen Lippenstift auf ihrem Handrücken und nickte. „Der steht dir bestimmt.“ Vorsichtig fuhr sie Alex’ Lippen nach. Der Mund wurde voll. Ausdrucksstark.

Babum. Babum. Es war nur Schminke. Nur ein lächerlicher Lippenstift. Trotzdem verwirrte mich der Effekt.

„Mehr brauchst du eigentlich gar nicht. Du hast Glück. Eine reine, helle Haut. Make-up kannst du dir sparen. Geh ja nie ins Solarium!“

Alex lächelte. Ein Mädchenlächeln.

„Bestenfalls ein bisschen Rouge auf die Wangen. Das hat eine schöne Wirkung auf die Gesichtsform. Du musst die Wangenknochen betonen. Das sieht dann sehr feminin aus.“ Sie zauberte ein paar Pinselstriche auf Alex’ Backen. Das Gesicht wirkte auf einmal ovaler. Als wäre es auf einen Rahmen aufgezogen worden.

„Fertig!“ Dirka betrachtete ihr Kunstwerk stolz. „Ansonsten machst du alles richtig. Intuitiv sozusagen.“ Sie legte den Lippenstift und das Rougetöpfchen neben den Schildpattkamm. „Die Sachen kannst du behalten. Und vergiss nicht, die Wimpern zu tuschen. Das steht dir wirklich gut!“

Nicht vergessen. Wann nicht vergessen? Bei welcher Gelegenheit?

Alex stand auf und ging zum Spiegel im Flur. Er wirkte auf einmal viel älter, als er war. Eine attraktive, junge, selbstbewusste Frau. Ich bekam eine Gänsehaut, als er an mir vorüberlief.

Für den Bruchteil einer Sekunde sah ich Alex in vielen Jahren. In einer fremden Stadt. Vielleicht in einem fremden Land. Wo niemand ihn anders kannte als so. Mit diesem roten Mund und den hochgesteckten Haaren. Das jetzt, diese Situation, wäre dann nur eine kleine Episode aus der Vergangenheit. Und ich? Meinen Namen würde er bis dahin längst vergessen haben.

„Und nun?"

Ich starrte Dirka verunsichert an. Sie war eine Hexe. Genau das war sie. Sie hatte Iras Bruder ein für alle Mal verschwinden lassen und stattdessen das hier herbeigezaubert. Das? Was? Ein Mädchen? Eine Frau? Ein Zwischenwesen?

Dirka grinste. „Klapp den Mund wieder zu, Tobias Krug."

Ich trank meinen Wein aus.

„Was macht dein Puls?"

Ich warf ihr einen unfreundlichen Blick zu. „Halt einfach die Klappe."

Alex kam zurück. „Das steht mir." Er wirkte stolz. Befreit. Dirka und ich nickten.

Als wir aufbrachen, stopfte ich Alex' Sweatshirt in meinen Rucksack. Den Lippenstift und das Rouge steckte er ein. Im Hausflur reichte er mir den Schildpattkamm. „Für dich, Tobi. Früher oder später verliere ich ihn sowieso." Ich nahm das unerwartete Geschenk entgegen und ließ es in meiner Jackentasche verschwinden, wo schon Iras Feuerzeug ein neues Zuhause gefunden hatte.

„Warst du schon mal verliebt?" Warum fragte ich das? Was ging mich das an? Warum interessierte mich das überhaupt!

Alex warf mir einen seltsamen Blick von der Seite zu. Wir liefen durch die leere Stadt. Es war fast zehn und die meisten Nachtgestalten hatten sich in irgendwelche Kneipen oder Diskotheken geflüchtet. Immer wenn ich nach rechts sah, zuckte ich zusammen. Ein Junge und ein Mädchen auf ihrem Weg durch die City. Die Verwandlung war unfassbar.

„Klar war ich verliebt. Sie hieß Katja. Ich habe sie im Urlaub kennengelernt."

Aha. Es war komisch. Wie er über Mädchen redete, wo er selbst eines war.

„Wir haben uns geküsst. Das war alles. Danach haben wir uns geschrieben. Drei Monate. Irgendwann hörte das auf."

Ich beschleunigte meinen Schritt. Keine Ahnung, wo wir hingingen. Wir stolperten ziellos durch die Straßen.

„Jungs suchen sich ein Mädchen. So wird das doch erwartet, oder?"

Ich blieb stehen. Starrte ihn an. Ja, so ging das. Ich überlegte mir, was Katja, wo auch immer sie steckte, sagen würde, wenn sie Alex jetzt sehen könnte.

„Und du?" Alex musterte mich interessiert. Ein Paar lief vorüber, und der Mann drehte sich nach Alex um.

In der Fünften war ich einmal drei Wochen mit dem Nachbarmädchen gegangen. Es war harmlos. Wir hatten Händchen gehalten und uns heimlich im Keller geküsst. Später war ich ein ganzes Jahr lang einem Mädchen aus einer Klasse über uns nachgelaufen. Ich hatte ihr Foto von der Wand mit den Klassenbildern geklaut und es unter meinem Kopfkissen versteckt. Für mich war klar, dass ich mein erstes Mal mit ihr haben wollte. Aber es hatte sich nie eine Gelegenheit ergeben, es ihr zu sagen. Irgendwann war sie dann von der Schule abgegangen. Und Ira?

Offenbar hatte sie dichtgehalten. Unser Geheimnis nicht ausgeplaudert. Der seltsame Nachmittag allein in ihrem Zimmer. Als sie mich ertappt hatte und wir dann im leicht hatte Ira mich auch einfach nur auf den Arm genommen.

Ira griff in Alex' Frisur und befestigte eine lose Strähne mit zwei, drei Handgriffen in dem Kamm. Es war eine seltsame Geste. Weil sie es so selbstverständlich machte. Als wäre Alex ihre Schwester. Als wären Felipe und ich gar nicht da.

Felipe und ich wechselten einen Blick. Es war das erste Mal, dass wir uns überhaupt bewusst anschauten. Etwas hilflos. Wir waren verbündet, weil wir in diesem Moment wirklich außen vor standen.

Ira war fertig, fasste Felipes Hand und zog ihn die Treppe hinauf. In Richtung Dachboden.

„Ach, und ihr zwei macht euch aus dem Staub? Ich habe doch noch nicht einmal angefangen zu spielen", sagte Alex.

Die beiden kicherten und waren verschwunden.

Wir standen uns unschlüssig gegenüber. Am Fuß der Treppe. Immer noch hielt ich das furchtbare T-Shirt in der Hand. Es war in durchsichtiges Zellophanpapier eingeschlagen, und ich hoffte, Alex konnte den bescheuerten Spruch nicht entziffern.

„Du spielst gleich auf dem Cello?"

Die Frage war blöd. Aber irgendwie wollte ich das Gespräch fortführen. Wir konnten nicht ewig schweigend hier herumstehen. Während ein Stockwerk höher ...

Alex nickte. „Nur, weil mein Vater sich das gewünscht hat. Ich hasse diese öffentlichen Vorführungen!"

Wieder schwiegen wir uns an.

„Alex?" Iras Mutter war in den Flur gekommen. „Alex? Willst du nicht langsam mit deinem Konzert beginnen?"

Bett gelandet waren. Wir uns Geheimnisse erzählt hatten. Und geküsst. Das alles hatte sie für sich behalten. Das alles hatte nie stattgefunden.

„Klar war ich verknallt." Ich wusste nicht, was ich sagen sollte. „Allerdings ziemlich erfolglos. Ich habe kein Glück mit ... Frauen."

Alex lachte. Der Lippenstift. Es war zum Verrücktwerden, was so ein bisschen dämliche Farbe bewirkte.

„Willst du mit in meine Stammkneipe?" Ich fasste es nicht, dass ich das fragte. Ich war betrunken. Das war der letzte Beweis dafür.

Alex zögerte. „Weißt du. Ich habe keinen Bock, mich vor irgendwelchen Typen lächerlich zu machen."

Meinte sie mich? Dann verstand ich. „Alex. Keiner kapiert, dass das nicht echt ist."

„Nicht echt?", fragte Alex.

Ich schüttelte den Kopf. „Jeder wird dich als Mädchen sehen. Jeder."

Vorm Uncle Sam's stand ein großes Schild. „Karaoke-Nacht". Wir hatten uns den besten Termin ausgewählt. Ich öffnete die breite Eingangstür und schob Alex hinein. Rauch. Stimmengewirr. Die Discokugel flackerte.

In der linken Ecke klammerte sich ein verschwitzter Kerl ans Mikro und brüllte hinein. „Smoke on the Water." Mehr Gewalt konnte man einem Song nicht zufügen.

Plötzlich stand Sven vor mir. Aus dem Nichts aufgetaucht. Aus den Untiefen vom Uncle Sam's emporgestiegen.

„Tobi, Alter! Du warst ewig nicht mehr hier!" Sein Bierdunst schlug mir ins Gesicht. Er wankte. Als er kapierte, dass ich nicht alleine war, starrte er mich ungläubig an.

„Und das ist?"

Ich schob Alex vor. „Alex. Eine Freundin."

Sven starrte alkoholisiert auf Alex' rote Lippen. „Wow. Alter. Respekt."

Ich nahm Alex die Jacke ab, und wir setzten uns auf zwei freie Barstühle neben Sven.

„Wo ist die Toilette?" Alex hatte sich zu mir gebeugt. Wollte sie noch mal checken, wie sie aussah? Sven auf jeden Fall hatte sie überzeugt.

„Da drüben!" Ich deutete in Richtung Herrenklo. Dann verbesserte ich mich und zeigte nach rechts. „Damen da drüben. Aber pinkel bloß nicht im Stehen."

Alex verzog keine Miene. Sie kämpfte sich durch die anderen Gäste. Ein Typ pfiff ihr anerkennend nach.

„Alter. Sie hat kaum Titten, aber mir fallen gleich die Augen aus dem Hirn."

Ich hasste es, wenn Sven so blau war.

Smoke on the Water war endlich zu Ende gebrüllt, und der Fettwanst verließ unter kläglichem Applaus die Bühne. Der Moderator versuchte verzweifelt, neue Freiwillige zu finden.

„Wo hast du die Hammerbraut her?"

Hammerbraut. Hammerweib.

„Die Schwester von einer Bekannten."

Sven starrte mich fragend an. „Die Schwester von wem? Alter. Ich kenne deine Bekannten. Sie sieht Ira ähnlich."

Ich bestellte mir ein Bier. Ein dummer Spruch kam mir in den Sinn. Irgendwas mit Bier und Wein. Ich brachte ihn nicht mehr zusammen.

„Läuft was mit der?"

Ich schaute zur Toilettentür, hinter der Alex verschwunden war. Lief was? Vielleicht schon. Aber wann verdammt hatte das alles angefangen?

Alex kam zurück und nahm auf dem Barhocker Platz.

Zwei Mädchen betraten die Bühne. Ein Duett. Wenigstens die eine von beiden konnte singen.

„Falls du genug von Toblerone hast ...“ Sven lallte. „Ich stehe gerne zur Verfügung. Ich bin Single.“

Mein Kumpel war einfach nur peinlich. Irgendwie hatte ich das Bedürfnis, Alex hier wieder rauszuschaffen. Weg von hier. Dem Lärm. Den unsäglichen Liedern. Den plumpen Anmachversuchen von Sven.

Andererseits wünschte ich mir nichts mehr, als für den Rest meines Lebens hier zu bleiben. Hinter der geschlossenen Tür vom Uncle Sam’s. Zusammen mit diesen abgehalfterten Typen an der Bar. Den dürrbeinigen Mädchen an den Flipperautomaten. Den qualvollen Liedern aus der Karaoke-Box.

„Kennst du den Song?“

Ich starrte Alex an. In ihre gesprenkelten Augen. Die mich schon seit so vielen Monaten verfolgten. Mit den getuschten Wimpern und dem Blick, von dem ich nicht wusste, was er mir sagen wollte.

„Den? Den kennt doch jeder. Wurde in meiner Kindheit rauf und runter gespielt.“

In meiner Kindheit. In seiner Kindheit. In ihrer Kindheit. In unserer Kindheit.

„Das ist der Song meiner Eltern, weißt du.“

Ich musste lächeln. In der Discokugel, weit über uns, konnte ich unser Spiegelbild sehen.

Materialien

Interview mit der Autorin Kathrin Schrocke

Wie sind Sie zum Schreiben von Büchern gekommen?

Schon seit meiner Kindheit hatte ich den Wunsch, irgendwann einmal Schriftstellerin zu werden. In der Schulzeit habe ich jahrelang Texte für die Schülerzeitung, für Wettbewerbe und meine Freunde geschrieben. Nach dem Abitur hatte ich keinen Schimmer, wie man es anstellen könnte, die Schriftstellerei zum Beruf zu machen. Also habe ich erst einmal Literaturwissenschaft und Psychologie studiert und anschließend in einem Verlag gearbeitet. Das war außerordentlich wichtig. Nicht für mein Schreiben, sondern, um ganz praktische Antworten zu bekommen. Ich habe in dieser Zeit gelernt, wie man Kontakte zu Verlagen herstellt, Buchmanuskripte professionell anbietet und Vertragsverhandlungen führt. Auch habe ich Einblicke erhalten, wie man sich als junge Autorin finanziell über Wasser hält. Vom Buchverkauf allein kann man nicht leben – aber es gibt andere Möglichkeiten: Stipendien, Lesungen oder Fördergelder. Davon wusste ich vor meiner Verlagsausbildung nichts.

Wie sieht Ihre Vorbereitung für ein Buch aus? Entstehen erste Ideen daraus, was Sie persönlich in Ihrer Jugend beschäftigt hat, oder richtet sich Ihr Blick eher auf Ihre Leserzielgruppe und deren Interessen oder Probleme?

Meine eigenen Buchprojekte entstehen in der Regel aus persönlichen Begegnungen. Ich stolpere über ein Thema, das sich dann langsam in meinem Kopf zu einer Geschichte entwickelt. In der Regel sind das eher vielschichtige Stoffe, sodass vor dem Schreiben viel Recherchearbeit nötig ist. Bei „Finding Alex“ habe ich etliche Biografien zum Thema Transidentität gelesen und Betroffene kontaktiert, da das ein wichtiges Motiv im Roman ist. Wegen einem anderen meiner Jugendbücher, dem Roman „Freak City“, der von einem gehörlosen Mädchen handelt, habe ich zwei Jahre lang Gebärdensprache erlernt, um mich vorab mit Betroffenen unterhalten und auch persönlich in die Welt der Gehörlosen eintauchen zu können.

Transidentität *siehe Sachtext auf S. 152 f.*

Hin und wieder schreibe ich auch sogenannte „Auftragsbücher“. Die Verlage treten in einem solchen Fall mit sehr konkreten Vorstellungen an mich heran. Sie geben mir Informationen zum gewünschten Thema, zum Alter der Zielgruppe, zur Seitenanzahl und nennen mir einen Abgabetermin. Diese Bücher entstehen also sehr geplant in enger Zusammenarbeit mit dem Verlag und mit begrenztem Spielraum für die Autoren. Gerade am Anfang meiner Berufslaufbahn war ich auf solche Aufträge angewiesen und habe das auch sehr gerne und erfolgreich gemacht.

In „Finding Alex“ greifen Sie zum Teil sehr belastende Konflikte auf, die Jugendliche auf dem Weg zum Erwachsenwerden bewältigen müssen. Welchen Einfluss hatten Ihre persönlichen Erfahrungen und Lebensphasen beim Schreiben des Buches?

Meine Romane sind nicht autobiografisch, das heißt, ich bringe meine eigene Lebensgeschichte nicht bewusst in die Bücher mit ein. Allerdings kommen meine Ideen natürlich aus mir selbst – aus Begegnungen und Erfahrungen, die ich hatte und gemacht habe und vermutlich unbewusst dann doch in meine Geschichten einarbeite.

Die Buchfiguren wirken – nicht nur durch ihre Sprache – sehr lebensnah. Hilft Ihnen Ihr Psychologiestudium bei der Arbeit an den Charakteren oder kennen Sie Personen, die Ihnen als Vorbilder dienen?

Wichtiger als mein Psychologiestudium ist vermutlich mein aufmerksamer Blick auf die Welt. Ich beobachte unglaublich gerne andere Menschen und höre mir Gespräche an. Dabei fallen mir oft Dinge auf – besondere Verhaltensweisen, Konflikte oder typische Beziehungsmuster –, die dann in meine Geschichten einfließen. Mag sein, dass mein Psychologiestudium diese Beobachtungsgabe auch ein wenig geschult hat.

Die Scheidung der Eltern, die neue Lebenspartnerin des Vaters, die Aussicht auf die Geburt eines Geschwisterchens, schulische Probleme, der Freundeskreis, die verwirrenden sexuellen Gefühle für Ira und Alex – Tobias ist in allen Lebensbereichen stark gefordert. Ist er Ihrer Ansicht nach ein Vorbild für andere Jugendliche?

Ein Vorbild wohl eher nicht. Aber ich sehe in Tobi schon eine Art typischen, durchschnittlichen 16-jährigen Kleinstadtbewohner.

Wie wird es mit Tobias, Alex und Ira wohl weitergehen? Welchen Konflikten werden Sie zukünftig ausgesetzt sein?

Ich denke, dass Alex irgendwann ein sehr glücklicher Erwachsener sein wird. Meine Erfahrung zeigt mir: Jugendliche, die es schwer hatten, die Außenseiter waren und kämpfen mussten, sind im späteren Leben meist unglaublich selbstbewusst und zufrieden. In meinen Gesprächen mit erwachsenen Transsexuellen oder erwachsenen Gehörlosen hat mich immer wieder dieser Zusammenhang überrascht: eine extrem belastende Jugend und ein

Transsexueller *Mensch, der eine Transidentität aufweist (siehe Sachtext auf S. 152 f.)*

extrem freudvolles und selbstbestimmtes Erwachsenenleben.

Wie es mit Ira und Tobi weitergeht, kann ich gar nicht so recht sagen. Ich denke, alles ist möglich, es sind aber bestimmt auch Enttäuschungen vorprogrammiert.

Das Geheimnis um Iras Perücken wird auch am Ende des Buches nicht gelüftet. Was steckt hinter diesem „Spleen"?

Iras Vorliebe für Perücken ist ein ironisches Spiel mit unseren Vorstellungen von „Weiblichkeit" und „Männlichkeit". Das Buch handelt zu einem nicht unerheblichen Teil von Geschlechtsstereotypen und Rollenvorstellungen – und diesem seltsamen Alex, der sich in Tobis Wahrnehmung als Frau verkleidet. Tatsächlich aber ist es Ira, die sich weiblich „verkleidet", sie trägt Perücken, falsche Wimpern, ein völlig übertriebenes Make-up usw., Merkmale, die man eigentlich bei Alex erwarten würde. Der Hinweis ist nur vorsichtig angedeutet, aber es gab Jugendliche, die sofort verstanden haben, worum es mir geht. Das ist das eine. Zum anderen denke ich, dass Ira im Inneren doch sehr unsicher und verletzlich ist. Durch die Verkleidung macht sie sich unnahbar und verbirgt ihre Ängste.

Geschlechtsstereotyp *Vorstellungen von bzw. Erwartungen an Menschen, die einer bestimmten sexuellen Orientierung zugeordnet werden*

Sie haben für „Finding Alex" mehrere Auszeichnungen erhalten. Ist es Ihr erfolgreichstes Buch? Vielleicht sogar Ihr Lieblingsbuch?

Ich finde, „Finding Alex" ist erfolgreich, was die Kritiken und Lesermeinungen betrifft, und es ist auf jeden Fall eines meiner Lieblingsbücher.

Welche Rückmeldungen zu „Finding Alex" haben Sie bisher direkt von Jugendlichen erhalten – auf Lesereisen, per E-Mail, Post usw.?

Ich bin häufig mit dem Buch an Schulen eingeladen. Jedes Mal habe ich ein bisschen Angst: Wie reagieren die Jugendlichen auf Alex? Wie wird die teilweise drastische Sprache aufgenommen und kann ich die Zuhörer eine Stunde bei der Stange halten? Meist sind diese Bedenken aber unbegründet. Die Jugendlichen reagieren erstaunlich tolerant und interessiert – und ich habe sehr viel Lob per E-Mail erhalten. Allerdings auch Kritik: Manchen Lesern ist die Geschichte dann doch zu wenig konkret, was sexuelle Inhalte betrifft. Es wird ständig darüber gesprochen und nie passiert wirklich etwas! Auch wurde häufig bemängelt, dass die Geschichte offen endet. Das allerdings ist von mir gewollt: Ich möchte den Lesern Raum für eigene Fantasien lassen.

Woran arbeiten Sie gegenwärtig? Sind weitere Jugendbücher in Planung?

Aktuell habe ich die Arbeit an „Freak City", dem bereits erwähnten Roman zum Thema Gehörlosigkeit, abgeschlossen und eine Kurzgeschichte für die Anthologie „Vampire! Bissige Liebesgeschichten" geschrieben. Mein nächstes Projekt, das auch wieder aus einer Begegnung entstand, wird sich mit dem Thema Umweltaktivismus auseinandersetzen.

Anthologie *hier: Sammlung von ausgewählten Texten, z. B. von Erzählungen*

ARBEITSANREGUNGEN

- Was erfährst du im Interview über Kathrin Schrockes Tätigkeit als Schriftstellerin? Fasse die wichtigsten Aussagen zusammen und erstelle entweder einen Steckbrief oder eine Mindmap. Berücksichtige dabei folgende Aspekte:
  Vorerfahrungen – beruflicher Werdegang – Einnahmequellen – Aufgabenbereiche – Vorbereitungen für ein Buch – Themenfindung – (Auftrags-)Bücher – nützliche Eigenschaften als Schriftstellerin.
  Informiere dich auch auf der Internetseite der Autorin: www.kathrin-schrocke.de.
- Wie steht die Autorin zur Buchfigur Tobias? Stimmst du zu, wenn sie ihn als typischen 16-Jährigen bezeichnet? Nimm dazu Stellung und begründe deine Meinung.
- Welchen Zusammenhang – bezogen auf die Jugend und das spätere Erwachsenenleben – hat Kathrin Schrocke in ihren Gesprächen mit erwachsenen Transsexuellen und Gehörlosen herausgefunden? Welche Begründung könnte es für einen solchen Zusammenhang geben?
- Kathrin Schrocke gibt Hinweise darauf, warum Ira ihre Weiblichkeit gewissermaßen „verdoppelt“. Erläutere, was Ira tut, und nimm Stellung dazu.
- Welche Reaktionen von Lesern hat die Autorin auf ihr Buch „Finding Alex“ erhalten? Stelle sie unter den Stichwörtern „Lob“ und „Kritik“ zusammen. Ergänze die Auflistung durch deine eigene Meinung zum Buch.

Transidentität

Der Begriff *Transidentität* (gesprochen: Trans-Identität) beschreibt das Phänomen, dass bei manchen Menschen die Geschlechtsidentität vom biologischen Geburtsgeschlecht abweicht. Das heißt: Manche Menschen, die vom Geburtsgeschlecht her männlich sind, fühlen sich als Frauen und verhalten sich auch entsprechend, und andere, die von Geburt her biologisch weiblich sind, fühlen sich als Männer und möchten als solche anerkannt werden.

In diesem Zusammenhang trifft man häufig auch auf den Begriff *Identitätsgeschlecht* bzw. *Geschlechtsidentität*. Darunter versteht man in der Psychologie das Geschlecht, dem sich ein Mensch zugehörig fühlt und das meistens mit den körperlichen Geschlechtsmerkmalen übereinstimmt. Menschen, bei denen dies nicht immer oder nicht ganz der Fall ist, bezeichnet man als *Transidenten* (gesprochen: Trans-Identen). Frauen und Männer, die vollständig in die andere Geschlechtsrolle wechseln und eine geschlechtsangleichende Operation als notwendige Behandlung brauchen, um den Körper dem eindeutigen Identitätsgeschlecht anzugleichen, werden auch als *Transsexuelle* bezeichnet. Die Betroffenen lehnen allerdings den Begriff *Transsexueller* häufig ab, weil er missverständlich andeute, dass es ihnen hauptsächlich um eine bestimmte sexuelle Orientierung gehe. In Wahrheit gehe es ihnen aber vielmehr um eine Angleichung von Körper (Fremdwahrnehmung) und Selbstwahrnehmung an das jeweils andere Geschlecht. Sie hätten also nicht vorrangig die Empfindung, die falschen Sexual*organe* zu besitzen, sondern wollten vor allem sozial-gesellschaftlich als Angehörige des jeweils anderen Geschlechts anerkannt werden und empfänden deshalb in den meisten Fällen soziale Fragen wichtiger als sexuelle.

Hierzu gehört auch das Bemühen um eine Namens- und Personenstandsänderung.

Der gelegentlich statt *Transsexueller* verwendete Begriff *Transgender* betont die soziale Rolle des Geschlechts und weniger den „falschen“ Körper, also die Tatsache, dass die Betroffenen in erster Linie nicht unter ihrem Körper, sondern unter der ihnen gesellschaftlich zugewiesenen Geschlechterrolle leiden. Allgemein bezeichnet der Begriff *Gender* (gesprochen: Dschender; aus dem Englischen) das „soziale“ oder „psychologische“ Geschlecht einer Person im Unterschied zum biologischen Geschlecht. Gender umfasst also alles, was in einer Kultur als typisch für ein bestimmtes Geschlecht angesehen wird (z. B. Kleidung, Beruf usw.); der Begriff verweist nicht unmittelbar auf die körperlichen Geschlechtsmerkmale einer Person.

Der Begriff *Gender Role* (deutsch: Geschlechterrolle) wird benutzt, um all jene Dinge zu beschreiben, die eine bestimmte Person sagt oder tut, um sich vor sich selbst und vor anderen als Mann bzw. Junge oder als Frau bzw. Mädchen auszuweisen, d. h., um sich als jemand darzustellen, der einem bestimmten Geschlecht zugehörig ist oder sein möchte. *Geschlechtsidentität* beginnt also mit dem Wissen und dem Bewusstsein, dass man einem bestimmten Geschlecht angehört und nicht dem anderen. Diejenigen, bei denen die gewusste und gefühlte Geschlechtsidentität nicht mit dem biologischen Geschlecht übereinstimmt, argumentieren häufig, dass sie gerade nicht die geschlechtliche Identität wechseln wollten, sondern dass lediglich ihr Körper und ihre zugewiesene Geschlechterrolle in der Gesellschaft der vorhandenen Geschlechtsidentität angepasst werden sollen.

Arbeitsanregungen

- Erkläre mit eigenen Worten, was die Begriffe „Transidentität“, „Transsexualität“, „Geschlechtsidentität“ und „Gender“ bedeuten.
- Schildere einzelne Probleme, mit denen Transidenten in ihrem familiären und gesellschaftlichen Umfeld zu kämpfen haben.
- Welche Geschlechtsidentität bahnt sich den Erläuterungen des Sachtextes zufolge bei Alex an? Begründe deine Aussagen und belege sie mit Beispielen aus dem Buchtext.
- Wie reagiert Alex' Familie darauf? Meinst du, dass diese Verhaltensweisen Alex' Entwicklung eher fördern oder hemmen? Begründe deine Meinung.
- Wie würdest du auf der Grundlage deines neu erworbenen Wissens die sexuelle Orientierung von Tobias beschreiben?

DORIS MEIẞNER-JOHANNKNECHT

Johanna und Franziska

Dieser Text ist ein Auszug aus dem Buch „Amor kam in Leinenschuhen“. Es geht darin um die Geschichte einer Freundschaft und einer ersten Liebe sowie um den Mut, den man braucht, um auf der Suche nach sich selbst auch gegen den Strom zu schwimmen. Das Mädchen Johanna zieht aus dem Münsterland nach Berlin und lernt dort die Mitschülerin Franziska und deren Bruder Moritz kennen. Johanna ist das erste Mal bei den beiden zu Hause ...

Kaum bin ich zwei Schritte gegangen, muss ich stehen bleiben. Diese Töne da hinter der dritten Tür treffen nicht nur meine Ohren! Ich lehne mich an die Wand und schließe die Augen. Ich habe nicht gewusst, dass Franziska Flöte spielt. Und so schön, dass ich das Atmen vergesse. Eine tiefe Sehnsucht spricht aus diesen Tönen. Kein Vergleich zu dem, was ich meinem Klavier entlocke.

„Traust du dich nicht rein?“ Ich schüttle den Kopf.

„Sie ist echt in Ordnung. Aber es dauert, bis du das rausgefunden hast!“

Moritz klopft leise an ihre Tür. Die Töne sind verstummt. Als wären sie nie gewesen. Er öffnet die Tür. Franziska legt die Flöte auf den Tisch. Ihr Gesicht ist leicht gerötet. Die Augen streifen mich mit durchsichtigem Blau. Schön sieht sie aus ...

Ich schlucke. Dann wachse ich über mich hinaus. „Kannst du das noch mal spielen?“

„Später, ja?“, sagt Franziska.

Ich nicke. Obwohl mir jetzt nicht nach Kuchen ist. Ich habe einen anderen Hunger. Wonach?

Ich schaffe es nicht mehr, darüber nachzudenken. Moritz erzählt Witze, die ich nach fünf Minuten schon wieder vergessen habe. Ich sehe Franziska lachen. Zum ersten Mal. Sie hat schöne weiße Zähne. Ganz gerade. Mir ist warm. Innen und außen.

Ich trenne mich nur ungern von ihnen allen. Ihre Melodie hat mich noch nicht verlassen. Sie schwingt in mir. Aber ich traue mich nicht ganz, Franziska zu erinnern.

Ich stehe schon im Flur, da sagt sie:

„Wenn du willst, spiel ich noch für dich!"

Nein, angeschaut hat sie mich nicht bei diesem Satz. Sie zieht mich zurück ins Berliner Zimmer, drückt mich in einen alten Sessel, in dem ich versinke. Was kümmern mich die spitzen Sprungfedern ...

Sie steht vor mir, nur zwei Meter von mir entfernt, ein wenig breitbeinig, fest auf dem Boden, mit geraden Schultern, ganz aufrecht, mit erhobenem Kopf. Stolz sieht sie aus, unnahbar, beide Arme angewinkelt, waagerecht vor der Brust. In den Händen fast schwebend die Flöte. Ihre Finger tanzen über die Silberklappen, schneller, als ich gucken kann. Ihre Lippen liegen schmal an der Flötenöffnung. Mir ist ein wenig schwindelig. Ich betaste mein Gesicht.

Es ist so heiß, als hätte ich Fieber. Ich schließe die Augen. Lasse mich fallen, tiefer, immer tiefer, versinke im Meer der Töne, lasse mich treiben, tauche auf und wieder unter ... eine Ewigkeit lang. Ich wünsche mir, sie möge niemals aufhören zu spielen.

Doch die Musik verstummt – dann ist die Stille da, und ich weiß nicht, wie ich sie aushalten kann.

Ich taste zu meiner Stirn. Fieber? Ist das der Grund für meinen abgehobenen Zustand? [...]

Um sechs haben wir uns im Zoo-Palast verabredet. Im Foyer empfängt mich eine Popcornwolke, aus der ich mich nicht retten kann. Moritz stürzt auf mich zu, mit wehenden Locken. Franziska schickt mir ein Lächeln. Mit diesen beiden halte ich jeden Film aus!

Wir stehen einander gegenüber. Franziska und ich, im grellen Licht der Neonröhren. Da gibt sie mir einen Kuss. Mitten auf den Mund! Ich weiche zurück. Stürze ab. Getroffen. Mitten ins Herz. Ich entschwebe. Ewigkeiten dauert dieser Flug ...

ARBEITSANREGUNGEN

- Beim Lesen des Textauszugs ist dir sicherlich aufgefallen, dass es viele Übereinstimmungen, aber auch Unterschiede zu „Finding Alex“ gibt. Lege eine Tabelle an und halte die Übereinstimmungen und Unterschiede fest.
- Der Textauszug ist aus der Sicht von Johanna geschrieben. Aber was denkt und empfindet Franziska wohl? Schreibe einen Paralleltext aus Franziskas Sicht (Ich-Form).
- Wie wird die Geschichte von Johanna und Franziska wohl weitergehen? Überlege dir eine mögliche Fortsetzung und bedenke dabei auch, wie die Eltern der Mädchen auf das Geschehen reagieren werden.
- Das Buch, aus dem dieser Auszug stammt, hat einen merkwürdigen Titel. „Amor“ ist der römische Liebesgott. Was will die Autorin wohl damit ausdrücken, dass er hier „Leinenschuhe“ trägt?
- Nimm den Buchtitel wörtlich und gestalte ein Bild dazu. Wie sieht dein Amor in Leinenschuhen aus?

DORIS MEIßNER-JOHANNKNECHT

Ich kann nicht sein wie sie!

Dieser Text ist ein Auszug aus dem Buch „Tuchfühlung". Er handelt von Zeno Zimmermann, der weiß, dass er anders ist. Zeno fühlt, dass er schwul ist. Das lässt ihn bei allem Selbstbewusstsein verletzlich und unsicher auf dem Weg zu sich selbst werden. Eines Tages macht er im Keller seines Hauses eine Entdeckung, die ihn an eine Situation erinnert, als er das blaue Matrosenkleid seiner Schwester anzog und ihn alle „unsere Schöne" nannten.

Da seh ich sie! Zwischen Koffern und Kisten, ausrangierten Fahrrädern und Schlittschuhen liegt die alte Schaufensterpuppe. Keine Ahnung, warum ich plötzlich unruhig werde. Ich weiß nur, dass ich mir jetzt diese fleischfarbenen Einzelteile unter den Arm klemmen muss. Ich schleppe sie in mein Zimmer und baue sie zusammen. Dann steht sie vor mir. Nackt, schlank, ungefähr so groß wie ich. Ich durchwühle Lauras Kleiderschrank und verfluche ihren Geschmack. Laura besitzt kein einziges Kleid. Nur diesen einsamen schwarzen Rock. Dazu ein enges, schwarzes T-Shirt. Ärmellos. Ketten um den Hals. Rote Farbe für die Lippen aus Lauras Schminkkasten.

Jetzt spür ich ihn wieder. Diesen Wunsch, der zum Zwang wird. Wie damals.

Nein, Zeno! Nicht jedesmal gelingt es mir, die Bilder wegzuschicken, die ich nicht sehen will. Das Matrosenkleid klebt an meiner Pupille und bewegt sich nicht fort. Ich reiße mir Jeans und T-Shirt vom Leib. Mein Herz klopft, meine Hände zittern, als ich den schwarzen Rock anziehe, das enge T-Shirt, die Ketten um den Hals lege, das Haarband öffne und den Lippenstift aufdrehe.

„Unsere Schöne!“

Nein! Ich will nicht! Ich will das nicht!

Ich will mir die Arme tätowieren lassen. In schwarze Motorradhosen steigen, schmuddelige T-Shirts tragen.

Ich will sein wie sie!

Ich will nicht sein, wie ich bin!

Ich will nicht!

Und doch bin ich nicht wie sie. Ich bin anders. Ich bin Zeno.

Und deshalb ist es richtig so ...

Ich kann nicht sein wie sie.

Ich will nicht sein wie sie!

ARBEITSANREGUNGEN

- Zeno ist anders als die anderen. Beschreibe mithilfe von Textstellen, was das bedeutet.
- Es fällt Zeno schwer, sein Anderssein zu akzeptieren und auch öffentlich dazu zu stehen. Suche im Text nach Gründen dafür.
- Am Ende des Textes kommen Zenos widersprüchliche Gefühle deutlich zum Ausdruck (Seite 159, Zeile 2–12). Versetze dich in Zeno hinein und versuche, dir vorzustellen, wie sich diese Gedanken wohl anhören würden, wenn man sie laut ausspricht. Lies die Textstelle dann laut vor.
- Was meinst du zu Zenos Verhalten und zu seinen Gefühlen, die ihn fast zu zerreißen scheinen? Schreibe dazu einen Ich-Text. So kannst du beginnen:
  Ich verstehe Zeno .../Ich finde Zenos Verhalten ...
- Sollte man sich outen, wenn man anders ist als das, was als „normal“ gilt? Sammle möglichst viele Pro- und Kontra-Argumente und bilde dir eine begründete Meinung.

Textquellen

Seite 146–150: Interview mit der Autorin Kathrin Schrocke (Originalbeitrag).

Seite 152–153: Transidentität (Originalbeitrag u.a. nach www.wikipedia.de).

Seite 155–157: Doris Meißner-Johannknecht: Johanna und Franziska. Aus: Doris Meißner-Johannknecht: Amor kam in Leinenschuhen. Recklinghausen: Bitter Verlag 1993. S. 38–40 und 43.

Seite 158–159: Doris Meißner-Johannknecht: Ich kann nicht sein wie sie! Aus: Doris Meißner-Johannknecht: Tuchfühlung. Wuppertal: Peter Hammer Verlag 1996. S. 77 f.

Bildquelle

Seite 146: © Fotograf